尋師身影

阿斗隨師遊天下 ④

張光斗／著

推薦序

再次親炙師父的教誨

石靜文（臺中市政府新聞局局長）

多年來我一直都無法理解，究竟是什麼樣的動力，讓阿斗那麼能寫！以前認定阿斗的能寫，是因為他在擔任記者工作時，實在是超級勤快，無論在國內做影劇記者，或是前往日本留學兼任報社駐外記者時，舉凡體育、政治、財經到影劇，什麼新聞好像都難不倒阿斗，而且也不知他哪來那麼多的能量，既要讀書，還幾乎每天都能從日本發回大量的外電稿。

阿斗是真的很能寫，而他的那股勤奮勁，在同期的記者裡也幾乎無人能及。

多年過去，阿斗沒再做記者了，但轉任電視製作的他，筆一樣不肯偷閒。他不改愛寫能寫的勤快本性，明明已是電視製作人了，兼著還得不時跟隨聖嚴師父行走天下，偏偏他又不願忘情從年輕時就癡愛的戲劇夢，也不管是否能賺錢，一股腦地就又投入了連續劇的製作，而且，忙碌的他，又提筆了；他為戲親自操刀撰寫劇本。

如此能寫的阿斗，讓人禁不住好奇，是他手底下偷藏著一個神祕的寫稿機器嗎？為何他總能常常保持不煩累又不停歇地寫寫寫呢？相較於我這個曾經也是得靠動筆謀生的人，寫稿於我卻總是無比辛苦及極想逃避之事，雖然交稿時永遠是天下最享受滿足與歡愉的時刻，但寫稿真的是個苦差事。有人說，會寫稿的人都是下筆如腹瀉，但只有動筆之人才了解，寫稿哪有那麼輕鬆，常常根本是肚子痛加頭痛吧！

不過，阿斗好像是個例外，他就是很能寫！

當然，我了解所謂的例外，實情絕不只是靠鼻子動一動就能完成的事。阿斗應該只是比別人更認真、更勤快地付出他的時間與毅力。而也就在他如此勤於筆耕的過程中，讓我見證到了他那愈來愈見豐碩成熟的筆觸。

早年很能寫新聞的阿斗，他執持的是用一雙勤快的手與腳來跑新聞和寫稿，但如今當我一篇篇細讀本書的書稿時，我卻發現，物換星移，就在他追隨著聖嚴師父遊走天下的足跡間，以往又勤又快的阿斗，步履不再浮躁，文字不再拘泥，而他也不再只是用手用腳在寫稿了。字裡行間，我看到的盡是他用眼、用耳、用舌、用鼻、用身，及很用心地在述說著生命。我忍不住的一篇篇地跟著拭著淚，又忍不住的一遍遍地追念著聖嚴師父。

初識阿斗後，阿斗就開始稱我師父，我本來也不太清楚，我究竟是怎麼變成他師父的！之後，才聽阿斗跟別的朋友說，因為他初進新聞圈時，接續的是我之前的報社職位，而我當時竟毫不藏私的就把所有新聞資訊都一併告訴了他，同時還說了一堆其實我想也不見得夠成熟的採訪概念，但阿斗卻覺得很受用，認為我人也很夠意思，如此這般我就成了他的領門師父。

後來，阿斗在新聞界的表現很優秀，他還是稱我師父，我也樂於享有這份當他師父的虛榮稱謂。只是，常常在用比較清楚頭腦提醒對方別犯錯的人，多是那個口稱師父的他，而迷迷糊糊，總是缺乏細密思考，要被提醒的人，則多是被稱做師父的我。

再後來，我們都皈依了聖嚴師父。一次，師父在攝影棚錄影，中場換景休息時，玩笑地對我說，他是阿斗的大師父，我是小師父。我回說，有師父在，我可不敢再造次當阿斗的師父了。師父聽我如此說，呵呵大笑，順手就回握起我的手搖了搖。此時，原在一旁的阿斗走近我們跟前，狠狠地瞪了我一眼，我有些莫名所以，待師父走開後，阿斗才講我，怎麼可以那麼不懂禮貌地居然抓著師父的手不放。本來，我想解釋自己的無心，但隨即閃進腦海的只有對師父的尊崇與虔敬。我相信，如江海般大度的師父，一定完全沒介懷過我的莽撞。

再之後，我們的師父走了，但似乎，師父也沒真的走，他依然活在我們的心中，更活在阿斗的書中。隨師遊天下的阿斗，讓我們從他的書中，又再一次親炙了師父的教誨！

感恩師父！

推薦序

點一盞光明燈

鄭羽書（作家、資深媒體人）

從翻開書稿的第一頁，淚水不聽使喚，到淚流滿面……到最後一頁的豁然開朗、破涕為笑、身心順暢、淋漓盡致！如此心境別人不太能懂，這是與阿斗、與修學者的心靈相通。

阿斗，很勇敢！在聖嚴師父圓寂後，短短不到三年時光，能如此真實面對、尋覓、追憶他的身影；我不能！我不能的原因是無法承受那份失落，失落的沉重，沒有能力在淚水中洗滌凡心，照見心智，完成工作，只因修持不夠！看來阿斗已爐火純青！

與阿斗相交數十寒暑，又同一工作範疇，也在佛學領域中互相切磋，他文筆流暢有情感、有慈悲，我偶在報章雜誌中拜讀，他雖著作不少，我卻很少用心閱讀；但這本書不同，為了寫序讀了數遍，每讀一遍即生慚愧之心，也才恍然阿斗為何指名我寫序，原來這才是善知識的本意，讓我荒蕪的心念得以被如此清泉澆灌再萌綠芽！

你我從事媒體工作，我執、愛面子、莫名的自尊心，自以為是的行事風格成為我們的標誌；也算你好斗命，師父對你招手：「來啊！阿斗，上船來，師父渡你到彼岸去！」聖嚴師父如此大悲心，沒把你丟拋在濁濁紅塵中任憑漂流，也難怪你悟得世間人、事之無常，割捨商業化的製作而赤誠追隨師父行腳。

十五年間，阿斗跟隨師父的步履，拍攝師父的弘法歷程，也看見師父一次不如一次的體力，卻有無比的願心讓他一次又一次完成弘法的艱辛；親眼見證師父的「盡形壽，獻生命」，心中的感觸旁人如何能體會？每再一次到訪東初禪寺與象岡，阿斗總刻意逃避，卻又尋尋覓覓，逃避什麼？尋覓什麼？無非是師父的身影，別人又如何能懂？也難怪阿斗提筆開始就心痛徹骨地呼喚——師父啊……。

阿斗敘述文壇前輩王鼎鈞先生與師父的交往過程，我們看到兩人之間的君子之交，惺惺相惜，鼎鈞先生形容聖嚴師父：「聖嚴法師是很有深度有廣度但是很安靜；他如果是海，他是不起風浪的；他不造勢不造神，自然在言談舉止之間有一種力度，能感應大家。」多麼刻骨銘心的話語！先生常說自己是拿了基督教的護照，又得到佛教的簽證；有段時間鼎鈞先生遇見瓶頸，產生心理障礙，思緒枯竭，只因讀了聖嚴師父的著作而療癒，不但又能提筆論述，也建構起他與師父的深厚情誼。

阿斗追憶師父每回到紐約都必定去探訪的沈家楨老居士，只因老居士曾以無名氏的名義資助師父在日本讀完博士學位；師父最後一次到紐約，一面接受洗腎治療，一面忙於弘法，仍不忘去莊嚴寺看望沈老居士，他雖記性有些退化，仍緊緊握著師父的雙手，窗外投射進來的陽光將局促的空間妝點成佛國淨土，師父與老居士如兩尊莊嚴溫煦的菩薩，迎著陽光，沐浴在真情裡，這樣的至情至性只應天上有啊！

為一幅常伴師父的觀世音菩薩畫像之來源，困擾阿斗許久，也追溯許久，直到站在故宮的廣場才遭當頭棒喝——這幅觀音像伴隨師父在日本苦讀，到紐約弘法，其中師父經歷多少考驗與折難，觀音畫像就如同師父的俗家父母，亦幻化成東初老人，也視為一路所接應的恩人、師長，是力量的源泉、信念的保障；師父一路教導我們學觀世音菩薩救苦救難的精神，要我們學觀音、做觀音，何須執著觀音畫像如何來的呢？阿斗瞬間茅塞頓開！

再次走過師父的來時路，阿斗形容自己感動多過感傷，歡喜多過悲悽，以感恩、還願、和敬、喜悅面對這一切！從一路走來的「睹物思人」之心境，到將師父的身影投射在數位師父的好友至交上，因為從諸位長者的風範看到聖嚴師父的形影，重見師父的身教與言教，就像仁俊長老對阿斗的殷切叮嚀：「以後不要再帶東西來，只要記得把佛法帶回去就可以了！」

最後讓我破涕為笑，是因阿斗已能在對師父思念的反覆起滅中，在對師父至交知友的投射身影中，悟得師父身影其實已在自己心中，恆久遠……。師父雖圓寂，法仍在，師父人間淨土的藍圖早植心中，是永恆的羅盤與依歸。

阿斗能悟得如此透澈，同修淑芬想必功不可沒！

給阿斗的掌聲中，也給自己點燃一盞光明燈！

感謝阿斗，感謝善知識！

自序

師父在哪裡？師父在那裡！

師父在哪裡？

師父在那裡！

同樣的一句話，透過不同的解讀，就會有迥然不同的意思。

有很長的一段時間，我不時地會問自己：「師父在哪裡？」

當我頂撞上了危機，面臨了抉擇，遇見了挫折，凝視著傷口，感受到疼痛……，我都會對著躲在黑暗一角的自己問道：「師父在哪裡？」

學佛十數年，跟隨了師父十餘載，我必須再次承認，我不是個好弟子。

我有脆弱的一面，我有灰色的地帶，沒有外表來得樂歡，我經常扯著自己後腿想要逃避……。

以往，以為師父就是萬靈丹，就是特效藥；師父無所不在，師父鐵定可以長命百歲。只要跌了一跤，戳了個傷口，我就會渴望師父以他那關愛的眼神掃瞄我一下，我就可以像是兩歲的孩子一般，沒有等到眼淚拭乾，立刻就得以展現歡顏，重新蹦跳，引吭詠歌……。

可是，師父還是走了，「不見」了。

惶恐與驚駭如北極的冰山，一塊一塊，一壘一壘的嘎然作響，逐個崩塌；激起的波濤猛然沖擊著，束手無策，甚至忘了悲泣的那個脆弱的「我」。

不再有師父的實質身影得以追隨之後，我因工作的關係，不可避免地依然四處遊天下。只不過，膽子小了，心也虛了，每每在要出門的前一天，還跟同修嘟囔著：「不想出門，真的不想出國……。」

是江湖走久了之故？

當然不是！

是因為我有了「心病」啊！

我一直困惑著——為什麼師父不在了？

一個快步入六十歲的「老小孩」，竟然將自己置於進退維谷的困境之中。

但是，寫啊寫啊！等到有一天，發現「尋師身影」的專欄即將告一段落之時，我竟然啞然失笑了！

「真蠢啊」！我戲謔自己！

師父在哪裡？

師父哪裡都沒去！師父一直都在那裡啊！

沒有錯！

師父就在那裡！

是的！師父一直都在那裡啊！

「尋師身影」的專欄就是我困住自己的當口，開始下筆的。

目錄

尋師身影
阿斗隨師遊天下4

師父啊……

最後的隨師記行

過去只要聖嚴師父海外弘法，都會有阿斗的隨行，
如今聖嚴師父圓寂，
到法鼓山大殿服務瞻禮貴賓，成了阿斗最後的隨師之行，
雖然身在大殿之外，但過去隨師海外弘法的一幕幕景象在腦海裡浮現，
從俄羅斯、波蘭、北京、美國……，
往事歷歷，讓阿斗只想再大叫一聲：「師父啊！」

二〇〇九年二月四日，法鼓山雨後陰。

師父，您在大殿。

沒有師父的第一天

這是我們開始學習沒有您的第一天。

大殿與後方的開山觀音之間有迴廊及邊坡。邊坡約有兩層樓高，不受寒冬的細雨與冷風影響，黛綠的植被從左至右綿延數十公尺，直像是整片用人工貼上去的，葉片密實，生意盎然。一位師兄正站在搭起的樓梯上認真地摘取、拔除冒出的雜草。我站立寒氣中呆看著，手心冰冷，胸臆間極度懷念那些與師父同處一個空間的掠影、定格乃至師父的各種表情與反應。那也像師兄除蕪一樣，是我的生活，每一個「當下」對我都成了永恆。

而後，林青霞來了。

我引導她進入大殿，向師父頂禮三拜，之後，引導她向殿外行去，她猶豫著，幾乎三五步便一回頭，走到師父您留下的那四句大幅的偈言前，果肇法師要青霞抬頭看看，她輕聲念起：「無事忙中老，空裡有哭笑，本來沒有我，生死皆可拋。」我還是想帶她離去，她再次現出猶豫的模樣；我問她，是否想再回頭看看師父？她立即點頭；還問著，可以直視師父的法體嗎？在旁的果肇法師綻出了微笑。我們回到頂禮之處，青霞真切地看著熟睡中的師父；她深深凝視著，眼神一點都沒有閃爍，她把奔流的淚留到走離您之後。

第二個晚上，白日來去如行雲如流水的信眾、訪客已然散去；坐在大殿裡，我自認可以靜謐地面對師父了，身旁仍有您的僧俗弟子在誦念著佛號，我在佛號聲中彷佛先將音響開大了；接著又把投影機的光點自記憶深處投放了出來，那一方顯影的螢幕，就在大殿的正中央，那方盛殮著師父的木頭篋子……。

侍者身分的初體驗

莫斯科的影像首先跳躍了出來。那年，整個臺灣島都被ＳＡＲＳ攪得心浮氣躁；我們一行人隨師父去莫斯科弘法，在莫斯科的一所韓國寺院中，主辦當次禪修活動的當地禪眾狀甚焦慮，臉上盡是攤不開的愁容，我卻開心地霸占著廚房，烹煮著大鐵鍋的蔬菜麵與小鍋的飯與菜……；我知道，氣定神閒的背後有您，有師父在，哪怕是天塌下來，都有師父您會與天上的眾佛諸神討價還價……。

那是二〇〇三年的五月，魯鈍的我一直到事後才得知那幾天我們師徒因為臺灣的SARS，幾乎是被半軟禁地隔離著。禪七的地點Vysokoye的旅館，我稱之為「鬼屋」，它曾屬於KGB（前蘇聯國家安全委員會）的管區，旅館內部陰森，還有停滯不去的霉味，連樓梯上的鋼筋都齜牙咧嘴地自剝落的水泥中作狀嚇人；可是，師父一出現，我就安定了！師父您說了：修行在修心，不在乎於環境……。

做飯的空檔，我送了熱水到師父房裡。師父的床頭地上泡了一盆子的衣服。我問師父：「要不要幫師父洗？」師父說：「不好意思。」我說：「唉呀！師父呀！我是師父您的侍者呀！侍者不是應該什麼都做的？洗兩件衣服有什麼關係？」

師父笑了，也點頭了。

我蹲下來，開始搓洗那浸泡著的衣物，可是，我有點不可置信，那些衣襪潔白如雪，像是沒有穿用過，根本就搓不出什麼污垢來。想著想著，我猛一抬頭，發現師父沒有移動腳步，您站在原處看著我。我心虛了，心想，師父也許在檢視我是否洗得乾淨，才會決定以後的衣服是否還是讓我洗？於是，我死命地用力地搓揉著，連額頭都冒出了汗意。等到第一步工作結束，準備用清水漂洗了，我又抬頭，看到依然沒有離開的師父臉上與眉眼都帶著盈盈笑意。這下子換我不好意思了，我這臨時客串的門外漢肯定有什麼破綻露出來了！……我想。

我的本業是電視節目「製作人」，每回跟著師父行走海外，是為了將師父的弘法行程記錄下來，然後安排在《不一樣的聲音》節目中播出。擔任師父的「伙伕頭」是後來的工作，專門照管師父的飲食，這要拜一九九七年五月的波蘭之行所賜。

儘管生病還是要弘法

波蘭行之前是香港的萬人弘法大會，以及菲律賓的聯合國世界宗教領袖會議。師父所到之處，尤其是華人社會，一直有擋不住的魅力，許多信眾爭先恐後地要供養師父，要觸摸師父，只要稍一不慎，師父就會被人潮掩沒。但是緊接著的波蘭華沙卻讓我受到了驚嚇。

前三天，師父您依照慣例不准我與攝影師去禪堂打擾正在禪修的禪眾。到了第四天，我可以去向您報到了，可是一下計程車，看到遠遠迎來的師父，我不禁倒吸一口冷氣；師父的兩眼無神，雙頰深陷，連嘴角都破了。原來，寒意料峭的華沙與尚未完工的禪堂讓師父吃足了苦頭——室內沒電沒燈，晚上太冷整夜沒法子入睡，白天看不清又被刮鬍刀刮破了嘴，生冷的飲食無法入口，腸胃不適……，師父病了。

面對著您的病容，我束手無策，火速跑到附近的小雜貨店去買了兩條餅乾給您。我無狀地反問：「何苦要如此委屈地跑到這種地方受這種罪？為什麼不多帶一位侍者來準備熱湯熱飯？」師父苦著臉回答我：「這些禪眾可憐啊，沒什麼錢啊，少一個人就少一張機票錢啊。他們求法若渴，只要有一個人想聞聽佛法，師父都會想盡辦法前去。」我聞之無語，我知道您每一次都將主辦單位付的機票錢，另外貼上老本再返還回去。

師父啊！您的身體與健康就是這樣被您逐漸地消磨殆盡的啊！

師父渡你到彼岸去

我的嗓門大脾氣衝，這麼多年來經常就因我的冒失與唐突而被您責罵，可是您也知道，這個不成材的弟子我執太重，太愛面子，自尊心特強；所以每每回過頭來收拾「殘局」的也是您。

有一回，在北京大學，我晚起遲到了。師父您與十幾位團員足足等了我半個小時。見我氣急敗壞地趕來，師父輕聲細語說重話，只說了一句：「你們做影視的都可以遲到嗎？」在眾人面前，我恨不得把頭深深埋進北大校園的花圃裡。而後，我又因急著打電話回簡訊，居然又與師父走散了。沒一會兒，師父一行人走回未名湖畔找我，我忐忑不安地跟上了隊伍；您只問了我一句：「怎麼不見了？」我結結巴巴地沒說出個原由。

未名湖畔有一石舫，師父隨後率先跳了上去，眾人都在岸邊，我也佇在一旁低著頭跟自己生悶氣；沒想到師父忽然對我招招手說道：「來啊，阿斗，上船來，師父渡你到彼岸去。」此時，有人推了我一把，我跳上了石舫，可是眼睛灼熱不敢直視師父；我轉過身，作狀在看湖中的魚，我真恨自己不爭氣啊！不但把自己弄得如此不堪，還害了師父特地搭了梯子讓我轉寰下來。

二〇〇六年十月底，是師父病發之後首次出國，前往紐約主持一個國際性會議，還要帶一個禪七。

病後療養中的師父開始寫書法，寫大楷、中楷與小楷。

有一天，師父寫完字，我與攝影師到師父的寮房中去拍攝。

師父順手指了指剛寫好的中幅——「空中鳥跡」，問道：「鳥真能在空中留下爪跡嗎？」我故作聰明，想活絡空氣，我說：「會啊！鳥在空中舞動翅膀當然會造成氣流的波動啊！」師父看我一眼，沒搭腔。等到拍攝完了，正要穿鞋出門，師父又問，另一幅「大死一番」是何意思？我又賣乖地搶答說，死得轟轟烈烈不就「大死」啦？師父一時楞住了，劈頭就痛斥我毫無長進，跟了師父十幾年居然一點都沒有進步……。

被罵傻的我，當時覺得萬分委屈；我自知不夠長進，但您應該知道我是故意調皮耍嘴皮子的啊，就像我動不動就用日語去煽動曾留學日本的師父說日語一樣啊。

當天下午我不敢去看您。

晚上，師父要坐三小時的車子回紐約去洗腎，我還推托不肯去送，後來勉強去了，您已然離去，我剎那覺得胸口全空。過了一天後的上午，師父還是趕回禪堂開示。我四處逃避，不敢坐在您眼下，卻怎麼也挪不開位子；我更加不敢直視師父疲憊的面孔與直不起腰的身影，只能低著頭讓懺悔的眼淚流個夠。

沒想到，師父開示完竟然在眾目睽睽之下走向我，我緊張得瞠目結舌，連大氣都不敢吐。師父只低聲跟我說：「等下陪師父出去走一走。」

出了禪堂，師父早等在和煦陽光下的坡道，我快步走向前，還沒來得及合十問訊，師父就帶著微笑說道：「怎麼啦？才說了你兩句，你就不肯來見師父啦？」我只能一味地搖著頭，只能緊用牙齒咬著下唇。

好想再叫一聲「師父」！

而後，師父再也無法出國了。

在師父面前，我像是個透明人，師父您可以把我看得透透地……。

還有一回，在紐約的象岡，我適巧也參加了法鼓山的北美年會。在禪堂中，師父面對數十位來自北美各地的代表親切地閒話家常。忽然，師父指向遠遠坐在角落的我說道：「阿斗是個容易衝動的人，會為好友兩肋插刀；可是，他算是個好的侍者嗎？不，他不是。如果我說他是的話，恐怕又有好多箭要射向他了。」師父才一說完，現場就響起一片笑聲。

我，自然也跟著大夥一同笑了。可是笑完之後，心頭卻留下了萬般複雜的滋味。原來師父對弟子的了解竟是透徹如此。我可以想像自己在被師父摸過頭之後，會泛起什麼樣討人厭的嘴臉；也明白有人對我的言行會有一些意見；師父在眾人面前，以我為例，做了如此迂迴卻又充滿教育意味的指摘。

師父也許早已忘了那段對我而言，是如此醍醐灌頂的授業。

就在同一時刻，我告訴自己，是該「識相」些了。只要是在臺灣，我就盡量避開與師父相處的機會，哪怕是共修，我也尋得各種藉口託辭不去。也許我是多慮了，但是我畢竟失去許多聆聽師父在臺灣開示的機會。

接著，就是二〇〇九年二月四日起，一連數天的法鼓山義工體驗了。

我被派往接待瞻仰師父的貴賓們。這也才讓我有機會跨越心門，理直氣壯地守候在法鼓山大殿的側門邊。或公或私，我可以走進大殿，可以走得很近，看您看得很真切。我告訴自己，要牢牢記得師父熟睡的臉龐。您安詳的神情與您在日本遊覽車上的、在西雅圖過境貴賓室裡的、在飛往英國威爾斯的飛機上的、在瑞士被白雪覆蓋的小屋裡的……全都一樣，都是師父在假寐中。

師父，我低聲呼喚您，您聽得到嗎？真的聽得到嗎？其實……師父啊，我只是想高喊您幾聲啊，哪怕您用嚴厲的眼神制止我都攔不住。

師父啊！師父啊！……。

有人問我，最懷念師父的是什麼？

不假思索，我說：「罵我！」

人的「習性」，尤其是不好的習慣與性情，大概是生生世世所累積而成，要想拔除，難啊！

我一直沒有意識到這一點。直到這兩年。

我終於學會了觀照自己的「習慣」。在失去師父的這兩年之中。

也許，「欠罵」是我八識田裡最為腐壞的病灶。

真正對我好，沒有目的的對我好，只為了恨鐵不成剛，就算體力不濟，中氣不足了，還是會動用「真氣」地責罵我，要我成材……。師父，似乎是欠我的！

有人告訴我，師父能罵我，是替我消業障。起初，我不信，我只當師父雞蛋裡挑骨頭，是師父不懂我的心。

時至今日，我信了。因為，我沒有無藥可救，我終於有了覺知，我會往內看，看自己醜惡的起心動念，看自己在何種情況之下又對無辜的人或事嗔恨了起來。

我知道，積習難改！不過，我更知道，這一世如果不能如抽絲般地拔除那些沉痾已久的惡習，難道下一世還要再來荼毒自己，傷害他人？

是啊！沒有師父責罵的今天，我總算擁有了洞悉自己病端的內視鏡啊！

尋尋覓覓，他的身影

聖嚴師父圓寂將滿周年，一向在旁記錄師父海外弘法的阿斗，
一年來在夢裡尋尋覓覓師父的身影，
在夢裡愕然想起對師父的承諾，
這個承諾打醒夢中人，不再在夢中尋尋覓覓，
因為阿斗將再度踏上師父弘法的足跡，重溫他的身影。

我一直在尋尋覓覓著，自從二〇〇九年的二月三日之後。

我一直心存僥倖，以為必然能在多夢的虛空中見到他的身影；當然，也企盼能重新親炙於他的溫度。隨意數來，北京大學未名湖畔的石舫、聖彼得堡的夏宮花園、華沙郊外未完成的禪堂、瑞士山崗殘雪點點的禪修中心、紐約象岡道場邊上粼粼湖水倒映出的木板長椅⋯⋯，任何一個不曾塵封的回憶都可以是他入夢的進口啊！

為何夢見他？

夢，照例是每晚都穿梭於我那混亂的時空裡；多是彩色，間有黑白。惱怒、忿恨、驚駭、詫異、溫暖、悲傷等多重情緒，構成了多變詭譎的影像；出場的人物有的是數十年不見的舊識，有的是完全不曾見過面的陌生人⋯⋯，就連翻江倒海的波濤都能不輸好萊塢特效，讓我驚醒了過來；而他，卻是無論如何都不曾踏進我紛沓的夢境中。

每每，聽到身邊的友人提及，在夢中與他相遇，或是一串言語的叮嚀，或是一記微笑的燦然掠過；我也只能羨慕地聆聽詳記，內心自是慚愧居多。既羞赧於自身的魯鈍粗鄙；像我那如混濁惡世的夢境，豈能污穢了他的潔淨步履？又，他既然已飄然遠去，卻又何須癡心妄想地攀附於他的僧袍之下？

是的，師父就是沒有出現。偏偏愚癡的我，依然無法忘懷尋覓的心念。

二月、三月、四月、五月……過去了，我那逝而復始，浮生斷滅的夢境，彷彿有一層綿密緊織的濾網，總是濾掉了屬於師父的光影。

六月，又是一個躁熱難安的夜晚；藉由冷氣的吹拂，我在數息中找到了入夢的閘口。不知睡了有多久，一些支離破碎的影像照例又出現了，卻也老是撈不成記憶；我像是側身在撲面而來的七色光束中，極其快速的光點串不成具體的圖像……，但是，啊！師父現身了。

師父就坐在一面長方形桌子的左前方，有一個傻子楞楞地、筆直地垂手站立在師父的右側（那個人就是我）。師父低著頭專心地在寫東西，從「鏡頭」將近兩公尺的高度看來，無法真確地分辨師父是在寫文章還是臨帖寫毛筆字。唯一可以肯定的是，自始至終，師父不曾抬起頭來過。

「師父不理我！」我頓時嚇醒了過來。

「師父好端端的為何不理我呢？」過去，只有我在挨了師父的罵以後，躲在一邊，不理師父啊！

這事有點玄！

與師父的約定

其實，心虛的我也用不著四處敲鑼打鼓地喊冤訴枉；還沒等到腦袋完全清醒，我已然知錯——我曾經承諾過師父一件事許久，卻始終沒有著手去做。

早在七、八年前，就在美國的禪修中心「象岡」，健康已然亮起紅燈的師父就曾叮囑過我，要將《四海慈悲行》的紀錄片重新整理一遍。《四海慈悲行》是我在一九九五年，第一次跟隨師父到紐約與英國弘法後，所剪輯出來的紀錄片。爾後，弘法之路推展到更多的國家與城市，師父希望我能將後續的旅程都編入進去。聽了師父的交代之後，我當然是立刻點頭稱諾；只不過，一回到臺灣我就將此事扔到腦後了。

事過數年，師父的健康更不好了；還是在象岡，師父又舊事重提了一遍，我來不及跟師父懺悔，就點頭如搗蒜地立馬答應，絕對會在回去後立刻進行此事。結果，用不著藉口，我這個不肖弟子雖然不敢故意忽略此事，但是事實擺在眼前，我再度渾渾噩噩地渙散在俗務之中，完完全全地把這件事忘到九霄雲外去了。

二〇〇九年的二月四日清晨，坐在王崇忠師兄的車上，北海岸上空層層障疊的烏雲就是我心頭悔恨迭迭的投射。我終於體會了什麼叫作切膚之痛——就算我七天七夜不睡，將師父交代的事情火速完成，可是，師父已經再也看不到了！

上了法鼓山的大殿，我迫不及待地想衝進去，接待的師姊好意地要我先在殿前的預備區禮佛三拜；顧不得同行的師兄師姊是否準備妥當，完成了禮拜後，我率先快步入內，眼裡只有大殿前方的師父。我已不復記得當時的腳步有多麼沉重，我只知道，在大殿裡是不准放聲大哭的。

可是，忍不住啊！我只能咧著嘴，使出吃奶的力氣，死命地壓抑著喉頭裡極欲撕裂的嚎泣；如果不是在側的引導師姊作勢要我退去，好讓後面列隊的菩薩們依序上前瞻仰師父的遺容，我也許早就長拜不起了。

追隨他的身影

師父圓寂之後，在一些公開活動中，偶爾會與文化中心的果賢法師見面，法師不只兩次地叮囑我，應該要將為師父製作十年的《不一樣的聲音》節目重新整理一下；我也良知未泯地向果賢法師招認，另有答應師父許久的《四海慈悲行》也該與法師討論；法師毫不猶豫地回答我：「那就趕緊找時間開會吧！」我當然回說：「好！」

但是，我的魂與我的魄都不知遊走到何處去了？我只是一味地等待、等待，等待著果賢法師給我電話……。不！我只是失去重心般地行走呼吸，茫茫然如迷失在失憶的森林之中。

沒錯！夢醒了！我捫心自問，師父真的會因為我的失信而不理我嗎？那充其量只是我在跟自己的良知較勁罷了！我真的是愈過愈回頭，彷佛失智到連四歲的童子都不如啊！

於是，我在晨起後飛快打了電話向果賢法師自首；法師大概也可憐我六神無主，馬上約了兩天後開會。

掛了電話之後，腦子裡很自然地浮起了四個字——他的身影！

菩薩保佑！遇到關鍵時刻，我已然無可救藥的腦袋居然還能有所活動。

沒有錯，師父雖然圓寂了，可是他留下了無數的言教與身教給後人；他巨大的身影並不會因為有形的形體逝去而消弭無蹤！對我們這些活在混沌雜亂世間的眾生來說，擺在眼前的處世經典明明是俯拾便有，但是愚癡的我們卻經常是「有看沒有到」啊！

以果賢法師為首的《他的身影》製作會議，如期在雲來寺的文化中心召開，另外還邀請了「滾石文化」董事長段鍾沂，以及熟稔傳播媒體的陳韋仲師兄與會。《他的身影》企畫案將當年《四海慈悲行》紀錄片與《不一樣的聲音》節目的精神融會貫通；隨著攝影機回到師父當年風塵僕僕弘揚佛法，推廣漢傳佛教，帶領禪修活動到世界的各個角落，不但讓後人得以感恩緬懷，也要將師父精彩的開示與辛勤不倦的身影，有系統地再現於世人的面前。

往後，我將不再執著於師父是否能夠出現在我的夢境了。對我來說，能夠隨著攝影機重新回到曾經與師父的腳步一同走過的紐約、華沙、聖彼得堡、柏林、威爾斯、克羅埃西亞、以色列、約旦、瑞士……的土地，絕對比做夢還要讓人振奮激昂。

當然，如果一個不小心，又在夢裡遇見師父，就算師父不理我，我也不會心虛惶惑了啊！

心／情／故／事

二〇一〇年的十月天，我又夢到了師父。

師父很年經，應該是十八年前剛見到師父時的模樣。

那段時間，我陷入近年來難得的窘境，公私皆撞牆，焦慮混進了嗔心，隨時皆可發現自己瀕臨幾近抓狂的邊緣，只差沒有對著窗外狂吼亂叫。

當時，《點燈》節目再度斷炊了兩個多月，那瓶對我一向有用的「樂觀」特效藥好像也失效了。

一位素昧平生的菩薩，就在那一天，宛如從天而降，不要求任何條件，只是單純地願意捐助《點燈》節目的製作費。我的一口氣又提了上來；又活過來了。

就在那天晚上，健康如昔，毫無病容的師父坐在農禪寺會客室的座椅上，劈頭就問我：「《點燈》怎麼了？」我如釋重負地向師父報告：「沒事了！解決了！都解決了！」

夢醒後，我有點訝異，師父為何沒有垂詢我《他的身影》的事？我也正為了《他的身影》的後製作跳上跳下，如作亂的猴子一般啊！

心情好了，放輕鬆了，腦子似乎就不打結了。

我找到了理由。

《他的身影》卡在我心智的進退之間，只要伸手撥開那層迷霧，我就可以無需鑰匙地跨出囚禁的牢籠，釋放自己。

《點燈》不一樣，這個讓我的生命與師父連結的節目，還處在手心需要向上的階段，那條供輸養分的臍帶還無法切除掉啊！

絕大多數的夢都會如見陽光的露水，自然也蒸發不見；但是這個夢不一樣！它會像一座風力發電機，給我能源，助我前進。

再覓他的身影——就在燈火輝煌處

二〇〇九年對阿斗來說，是走味的一年，
在二月送走了聖嚴師父，十月又送走了小妹。
小妹是如此地體貼，雖然想到紐約東初禪寺和象岡，卻不願意麻煩大哥，
隨著《他的身影》節目，阿斗重返美國，尋找聖嚴師父的弘法足跡，
他衷心盼望，小妹也能踏上法師走過的道路，安穩而行。

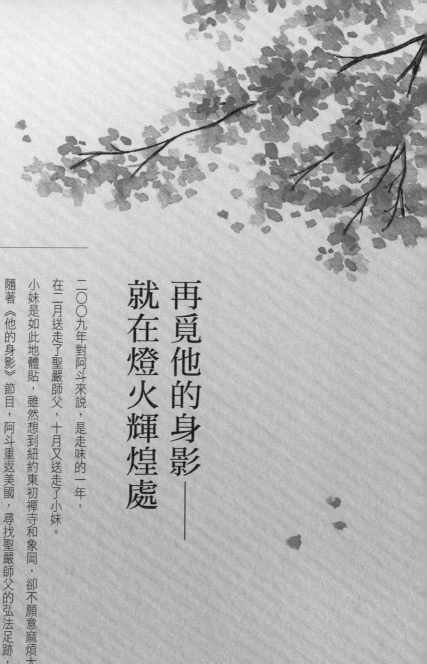

每個人都有屬於自己的人生，也要對自己選擇的人生負責。

就像是擁有一個私密的廚房，我們自己就是那個掌勺拿鏟的大廚。每天做些什麼菜，除了要看心情之外，也有完全無法掌控的因素；也許季節不對，芹菜沒買到，就做不成「芹菜炒香干」這道菜；勉強換了青椒來炒，味道自然就不一樣了；萬一碰到這種狀況，也只能自行調整心態。不過，要鹹？要辣？噴些醬油好？還是倒些烏醋佳？這倒是自在由人，反正能夠嘗到滋味兒的只有自己，除非有心找人分享，否則旁人是萬萬沾不到一口的。

我做夢都沒有料到，二〇〇九年在我五十多載的人生廚房裡，居然會端出不只一道變味難嚥的菜餚出來。

師父的圓寂是第一個無法置信的變數。

雖然親眼看到師父清臞的臉頰逐漸豐腫了起來；雖然察覺到師父健步如飛的腳程放慢，甚至蹣跚了起來；雖然在二〇〇九年的一月份，師父坐著輪椅出現在農禪寺小巷弄的照片擺在眼前……，我依然有千百個理由堅信，師父是與常人不同的，師父絕對是關關難過關關過，師父是有道理可以成為「無敵超人」的……；可是，師父還是在二月初捨報了。

所有的人最為不忍的就是，他硬是撐著、撐著，撐著讓大家都過完了團圓喜樂的新年。當然，這一個新年沒能如往年般上法鼓山向他拜年，向他頂禮，從他手中親自拿到喜氣盎然，希望無窮的紅包……。

小妹生病了

學佛比我早，但經常笑說我從後超車，又快到讓她再也追不上的小妹，也在這一年不敵癌症的逆襲而往生。

很容易滿足的小妹，每每將我帶著一家人上法鼓山向師父拜年的記憶，當作她四十四個寒暑生命中最為珍貴的禮物。她是在二〇〇七年春末夏初發現罹患子宮頸癌，做為她唯一的兄長，看著她在繁複而痛苦的治療過程中，硬撐出樂觀面對的笑臉，我也只能讚美她是師父的好弟子；她也回道，師父都能在病痛中竭盡所能地為眾生「盡形壽，獻生命」，她當然就更應該「面對它（癌），接受它，處理它，放下它」了。

師父圓寂後，她的體力也急轉直下，但是她還是在二姊的陪同下去了臺中分院參加荼毘大典。緊接著，她決定拒絕再繼續接受另一次化學治療；為了消滅在手術刀口復發的癌細胞，她又輾轉吃了很多苦。她說，她的勇氣與耐力快用完了。到了六月，癌細胞在她的肝臟取得了新的地盤。

我每個周末由臺北回到臺中去看望她。我漸漸發現，她原本豐腴的形體彷彿被洗衣機快速脫水烘乾。有時，她為了肺積水進了加護病房；有時又因為血紅素不夠而住院搶救；但是她只會低聲呻吟，硬是不肯吃止痛藥，她說，怕自己會昏沉不醒。偶爾，會有人建議她去控告誤診且拖延治療時期的女醫生，她也只是擠出一點苦笑，然後搖了搖頭。她到臨終前都不曾對那位女醫生發出過任何怨言；她唯一能做的就是默默承受。我難免會對她的不幸遭遇有所微詞，但是她自始至終沒有一點不豫之色。

如今，我對她最深刻的記憶，就是她某次在雜亂的急診室看到我出現時，淌下了眼淚，無能為力的我也只能替她拭淚。那個當口，我只是胡亂說著，會好的！妳會好的……，好了以後，我帶妳去紐約……。

後來，法鼓山文化中心決定要拍攝紀念師父圓寂週年的《他的身影》節目，我以最快的速度告訴她，她也頗為高興；她走了以後，二姊才說，她在最不舒服的時候，還在描繪她「好」了以後的夢景：她想去紐約，想去東初禪寺，想去象岡……，我聽到以後只覺得喉頭又是一緊，我只能後悔沒有及時實現我的承諾，我的傻小妹啊！只要她說出口，我無論如何都會想辦法帶她去紐約啊！我問二姊，為什麼不早點說，二姊說小妹擔心我太忙。

體貼的小妹

就是「體貼」吧！我也只能如此來形容小妹了。

早在我十三歲那一年，家中發生了巨變，小我十二歲的小妹才剛滿一歲吧！

父親遠在外地，母親住院；有一晚，我必須抱著小妹由潭子坐公路局的車子，到臺中省立醫院去探視想念小妹的母親。照理說，我是一千個不願意、一萬個不願意的，想想，就我那個剛在成長的尷尬年齡，我哪肯做這種婆婆媽媽的事？可是，兩個姊姊為何沒空，我是忘記了。就在回程中，剛好碰到夜校下課，車上擠得水泄不通，不要說沒位子坐了，就連站都有些站不穩。偏偏小妹有些重量，我就算再逞強都抱不動了，於是，我只能勉強蹲了下來，將小妹放在地上，她的兩個小手圈住我的頸子。當時，我也顧不得車上這麼多人投到我身上的異樣眼光，讓我不自在到面紅耳赤；我只在心中默禱，拜託！拜託！小妹千萬不能哭啊！還不會說話的小妹大概是懂得哥哥的難處，她真的很「體貼」，這一路她就是乖乖地攬著我的頸子，不哭也不鬧，順利地讓我完成了生平最為難忘的一次「不可能完成的任務」。

當我與文化中心的果賢法師，以及參與的同事們開過數次會議後，發現《他的身影》拍攝工作，如果不在二〇〇九年十月展開的話，鐵定無法趕上二〇一〇年二月的預定播映日期。我誰都無法透露，只能默默地在心中丟銅板，如果在美國的拍攝期間接到妹妹的惡耗，要不就抽出兩天趕回臺灣一趟，要不就只能向她說聲對不起，無法幫她助念，送她最後一程了。可是，「體貼」的妹妹依然沒有為我帶來困擾，她在昏睡兩天後，於十月一日嚥下了最後一口氣。

我接到消息後匆匆趕回臺中，熱心的法鼓山菩薩先我一步，已在小妹家中為她助念。八小時後，我被推出來為妹妹開示，這一向不都是法師或是資深菩薩做的事？我一時不知如何啟齒才好；但轉念之間，我只好將師父老人家抬出來了！我告訴小妹，放下萬緣，追隨師父的腳步去吧！學佛的課題之一，不是就在往生的這一刻放下我執，行往西方嗎？我也感恩小妹的「體貼」，讓我得以了無牽掛地依照原訂計畫啟程，前往美國進行《他的身影》拍攝工作。

小妹來過了沒？

之後，我與妹夫隨著葬儀社的車子將小妹的遺體送往臺中榮總的殯儀館冰存。黑夜中，車子抵達了殯儀館的後側門；妹夫前往另一端的辦公室填寫公文，我則負責將小妹的遺體推往冰庫的門口等候。

此時，昏暗的走道只有我與小妹，剩下的，就是冰庫傳出嗡嗡的馬達聲了。我忽然覺得輕鬆無比，竟然忘記才不到一小時之前，我還傷心不忍到涕泗縱橫的程度。我跟小妹開起了玩笑，我說：「依萍啊！聽說此刻的妳已經有特異功能，可以隨心所欲地前往任何想去的地方；不要怕，也不要猶豫，妳不是很想去紐約嗎？就快點啟程吧，趁著菩薩來接引妳的空檔，趕緊到東初禪寺與象岡走一趟；尤其是象岡，此時肯定有妳最愛的楓葉，必然一片片火紅火紅地掛在枝頭，也染紅了禪堂邊上清澄見底的湖水。」說著說著，我發現自己笑了。

辦完了小妹的告別式不到兩天，我搭上了前往美國的飛機。紐約東初禪寺外的馬路依然充塞著車輛的喇叭聲、引擎聲、行人的笑鬧聲……；一門之隔，寺內的清涼與靜肅不僅依舊，無論我走到一樓的大殿，地下室的齋堂，二樓的小禪堂，乃至師父的書房，略陡的木板樓梯……，沒錯，處處都有師父的身影浮現；或是低頭擦拭著眼鏡，或是在閉目打坐，或是招呼著大眾入座用齋飯；我不禁想，不知小妹來過了沒？

尋覓師父的足跡

次日，前往紐約北邊的象岡，一路上都有熟悉的楓紅倒映在車窗上。等到車子進入象岡所在的小鎮，景色一變，只剩下禿枝與枯葉在空中與地上相互對望。我有點著急，還來不及尋找師父的身影，就開始向常聞法師打聽這一年的楓葉為何凋落得這麼早？等到我知道一週前的楓葉還是豔紅如火，後來因早至的寒流才急速凋零時，我放心了。

我迫不及待地越過象岡的禪堂，朝著傾斜的坡道行去。我刻意沒有帶著攝影師。那一刻，我只想一個人尋覓師父的足跡與身影；我怕身邊有人，哪怕是一聲嘆息、一句搭訕都會擾亂我急切的腳步。於是，我終於來到了師父經常走過的湖畔舊路；雖然楓紅不再，但是從松林的空隙中投射出的陽光，還是將寧謐的湖水暖紅了一片；那份暖意就像冬夜裡的一盞燈火，熱透了寒冷的心底，也輝煌了黯淡的去路。

我坐在湖畔，呼吸著師父曾經呼吸過的清香空氣，輕拂著師父曾經輕拂過的無聲涼風。當然，我也衷心盼望，小妹的腳步一樣可以在師父曾經行過的湖畔小徑中緩緩踏去……。

當初寫〈再覓他的身影〉這篇稿子之時，我曾思慮再三。將小妹的往生與師父的捨報放在同一個平台似乎不對。高度不一樣啊！

而後又想，就像是電影的「蒙太奇」手法吧！既然專欄的刊頭名之為「尋師身影」，既然山窮水盡地尋找師父留下的身影，既然都是自己無法割捨的親人，只要不離題，大概不會被編輯退稿吧！

如今再看，還是有些赧然！當然更要感謝主編大人慈悲為懷，沒將稿子從電腦中 delete 掉。

我也一直勉力在修習面對生死的這門課。

今年仲夏，九十歲的老父在半夜跌了一跤，也跌出了大毛病；醫生說，他的腦子在萎縮中，意思就是，他會急速地出現失智的現象。

果不其然，我每個星期返回臺中，他都顯現了極大落差！這個星期回去，他到了晚上揮手趕我們不要管他，要我們去睡覺；下星期，他的眼睛不帶感情，漠視眼前的一切，更不要說是開口說話；再下一個星期，他連吞嚥的功能都減弱……。醫生說，要把他當作一歲的孩子……。

如今，看到他將嘴中食物吐出來，我要哄他；問他我是誰，只問一次，只要他不回答，我絕不再問，怕他不耐煩……。

如今，我唯一慶幸的是，還沒有見到他如一歲的孩子一般，撒潑地大哭！

我知道，生死這門課，我有得學！

開課了——觀無常

無常如影隨形，可是我們的感觸並不深刻，
從聖嚴師父圓寂，給大眾上了一堂震撼的無常課後，
阿斗因製作《他的身影》節目，對於無常感受更深，
從臺灣、舊金山到紐約，從工作、健康到死亡，
一連串的變化，都是無常的示現。

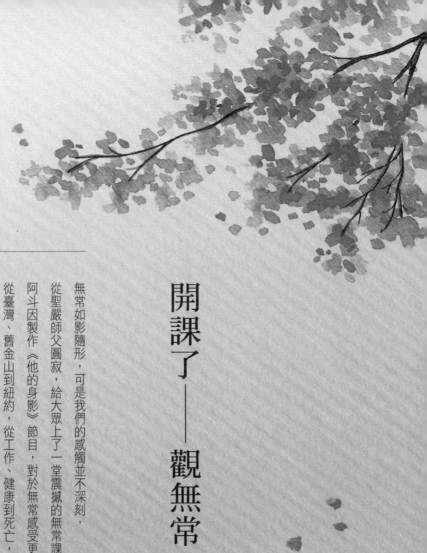

又上路了。

雖然有些不敢相信這是真的。

二〇〇九年的十月二十一日，我搭上了飛往美國的班機。

就在行前一個月，我的老搭檔——攝影師「阿良」，無視於我的窮攪蠻纏，確定無法取消他已經接下的工作，我必須面對另尋良伴的抉擇。憑良心說，一旦面對「無常」，必須去思考應對之策時，我的心裡總是會有些不愉快的；人總是習慣於既定的合作對象、習慣的味道、習慣的模式啊！

臺灣的無常：攝影師無法同行

阿良與我默契十足，有他在，我輕鬆又自在；我一直一廂情願地認為，只要是與師父有關的事務，阿良應該是隨傳隨到的。但是繼之又想，他現在是個人工作室，外加他也在大學進修，我憑什麼去拴住他？去左右他？等到真的心平氣和之後，又可以思考了；一個人影居然福至心靈地出現在眼前了，他是旅居溫哥華的一位「北京人」。

曾經因為《點燈》節目的需要，必須在溫哥華訪問一位資深的唱片製作人，我拜託同樣住在溫哥華的果惠師姊，幫我介紹一位攝影師。沒想到她不但找來了學攝影的Joe，還主動擔負起聯絡協調的工作，與Joe聯手，將一件原本有些複雜的採訪任務，非常順利且圓滿地完成了；我不但不用專程跑一趟加拿大，還因而多了一位來自北京的朋友Joe。

Joe在二〇〇八年底來了一趟臺灣，我們來了個相見歡，聊得非常開心不說，Joe對臺灣更是一見鍾情，念著要在臺灣買房子，結果真的在二〇〇九年底「定情」在淡水，買了一間據說喜歡到不行的房子；自然這已是後話了。

心動不如行動。既然將紐約行的攝影師對象動到Joe的身上，我立刻在舊金山找到他。Joe是位黃金單身漢，雖然年紀不大，但是早早就在市場最火的當口將自己創立的網路公司賣掉了。他提早退休的結果是重新讀了從小就夢想的電影，還能夠專心學佛；與聖嚴師父的第一次接觸，就是師父在二〇〇三年假溫哥華泛太平洋飯店舉行的「心安即是平安」公開演講。

在溫哥華與舊金山皆有據點的Joe，繼溫哥華之後，也成了法鼓山舊金山分會的活躍分子。Joe 一聽到我說《他的身影》拍攝計畫，是師父圓寂一週年的活動之一，便立刻答應排開所有行程，加入我們的團隊。我們立刻風風火火地在網上開會，談論器材等諸多準備事項。

《他的身影》團隊的成員有師父的隨行紀錄胡麗桂師姊；曾在紐約做過師父的侍者，替師父開過車的王榮師兄以及他的同修青苑師姊；曾替師父整理過許多口述著作的果莊師姊；曾在法鼓山多項活動中擔任總策畫的謝培鳳師姊；住在臺中卻有會必到的如雯師姊；在《不一樣的聲音》節目擔任過十年企畫的陳淑淳等菩薩，可說是一時之選，陣容堅強。

舊金山的無常：生命無預警的終結

我原本打算直接與 Joe 在紐約會合的，但是他忽然建議，不妨讓我先到舊金山停留兩天，一來可以與我面對面地將紐約拍攝工作做一次完整的溝通，還能參加法鼓山當地信眾的「看電影談佛法」活動，並藉機將《他的身影》計畫與大家一同分享。我，自然是隨順因緣啦！更何況，因為與師父全世界走透透之故，我也在各地交了不少同參好友；舊金山一樣有好多位許久不見的老朋友得以相聚，這也是讓我抵擋不了的所謂「因緣」的因素之一啊！

從我一下了飛機開始，Joe與分會的召集人張洪中菩薩就將我的行程排得滿滿的，連早飯要見什麼人都設定好了，差一點讓我昏了頭，以為自己了不得似的；幸好近年來多少因為年紀增長，遇到的挫折與教訓也累積了不少，外加師父適時地「修理」過我多次，才能讓我謹記姓啥叫啥，何處是東何處是西，否則還不知又會惹出什麼笑話出來。

二十三日晚上，張洪中菩薩陪同我回到Joe那「家徒四壁」的家（四房兩廳的家沒有家具、沒有沙發，只有數個蒲團寂寞地擺在空間頗大的起居間地上；除了他的臥房之外，我住的客房床鋪還是臨時向另一位師兄借來的）；我們打算泡壺好茶（幸好他還有前一年我在臺北送給他的烏龍茶備用），好好聊聊，看看如何在十年內籌募到三、四百萬美金，好在舊金山買下一個固定的集會與修行道場。

還沒等到茶泡好，張菩薩就接到了來自臺北法鼓山的電話，原來護法總會陳嘉男總會長旅居舊金山的兄長在戶外散步時，忽然因心肌梗塞而往生；我們一下子都傻了眼，立刻做出前往助念的決定。不過，經過往返數次聯絡之後，又發現陳老先生是往生在路邊，被送到警察局去了；就算我們要去助念，也因為當地一些法律程序的問題而不得其門而入。

張洪中菩薩不愧是「召集人」（也有一說是「著急人」），他不但在很短的時間內安撫了陳老先生家人的心，也火速通知了當地的幾位悅眾，決定第二天一早送我與Joe去機場搭乘前往紐約的飛機之後，再前往陳府關懷並助念。等到諸多事情交代完成之後，我們的話題就從「無常」起了頭；雖然一開始免不了會有些感懷喟嘆，但頃刻間又都釋懷且熱絡了起來。我們都很慶幸，慶幸師父教給我們這麼多的佛法；我們更感激師父，感激師父現身說法，以他的圓寂示現了「無常」的無所不在，讓我們更能體會為何師父老是苦口婆心地要我們「把握現在」、「活在當下」。

紐約的無常之一：無法兌現的聚會

這趟旅程，讓我學習「觀無常」的功課就此進入另一章。

到了紐約，又有連續好幾個來自「無常」的變化球朝我扔來。

首當其衝，最為凌厲的一只下墜球，就是來自任職於紐約《世界日報》的邵德芳菩薩。

德芳在紐約僑界頗為活躍，護持佛法的道心也非常殷切。二〇〇九年的春天，她突然覺得身體不適，入院檢查之後發現胃部外圍出現腫瘤；火速開刀的結果並不樂觀，醫師又將傷口縫合。認真學佛的德芳沒有因此而懷憂喪志，她反過來安慰心焦如焚的同修吳齊流師兄。適巧，有位推拿的張老師，應邀到美國推廣治療方法；張老師也是親眼目睹妻子罹患乳癌，歷經化療等諸多痛苦療程之後還是往生，因此而研發出屬於他自己的特殊療法。

齊流、德芳夫婦在美國與張老師結緣後，決定自紐約回到臺北，做長期的治療。他倆在臺北住了幾個月，不但生活品質極好，德芳像是沒有生病一樣地與親友相聚，還生起了退休念頭，想回臺北購屋定居。我在十月上旬與他們夫妻倆於臺北小聚一番，臨別之時還相約在紐約再聚；但是，等到我在紐約忙了不到一個禮拜，就聽到回紐約沒幾天的德芳突然往生的噩耗。

因為事出突然，周邊的好友乃至齊流師兄自己都無法置信。我們匆匆趕到位於長島的一所醫院為德芳助念；見到齊流，我忍不住上前擁抱他，他仍在我耳邊喃喃念到，德芳還提起過要約我見面再敘……。

紐約的無常之二：充滿驚喜的饗宴

事隔兩天，依照企畫王榮師兄的安排，要在東初禪寺採訪名聞全球華人社會的作家王鼎鈞先生。鼎鈞先生與聖嚴師父是老友了，身為基督徒的鼎鈞先生是偶爾在華文書店看到師父的著作之後對師父生起景仰心；師父也對鼎鈞先生的文采佩服有加。

可是，當天一早就聽說八十五高壽的鼎鈞先生身體不適，已前往醫院診治，如果是小中風，就一定得取消錄影活動。我心神不寧地在東初禪寺二樓的禪堂守候著進一步的消息，後來只能靠打坐來安定毛躁的情緒。快到中午的時候，陪同鼎鈞先生去醫院求診的果華師姊終於傳來好消息，鼎鈞先生沒有大礙，已經在前來東初禪寺的路上了。

從車上把鼎鈞先生攙扶下來的剎那，我忽然感到身材高大的先生居然體重是如此輕盈，彷彿與師父一般；我的眼眶馬上就熱了起來；偏偏鼎鈞先生忘了自己不適的身體，堅持要我們先用過午飯以後再進行拍攝的工作，我緊緊握住他溫厚的雙手，久久說不出話來。鼎鈞先生在訪談之中是如此來形容師父的：「聖嚴法師是很有深度有廣度但是很安靜；他如果是海，他是不起風浪的；他不造勢不造神，自然在言談舉止之間有一種力度，能感應大家。」

鼎鈞先生真是一位有智慧的長者，聽他的談話就像是讀他的文章，不但字字珠璣，既有深度有厚度還有溫度；而且他也是天生的演說家；雖然帶一點山東腔調，但是言談的速度不急不緩；引經據典更是不用說了，風趣之處才讓在座者哄堂大笑，一轉折，他又會揶揄自己，可以將你臉上還沒歸位的肌肉神經得以延緩鬆弛的速度，那就是一種如沐春風的愉悅啊！不過，我總覺得在他豁達的言談與敦厚的文章背後，有一層推不動的鬱積塊壘如影隨形，也許那也是一種走過大時代動盪與不安之後所留下的疤痕；像鼎鈞先生這種年歲的長者，可說是近世代的中國人裡面最坎坷最不幸的一代；他們少小離鄉，顛沛流離，難仰親恩，心神失據。但是，失序失溫的日子還是要過，人生的漫漫長路還是要走啊！

鼎鈞先生的訪問可以說是失而復得，這真的是太不容易啦！更難得的是，鼎鈞先生還邀約我們去他溫馨的家中餐聚。王伯母自前一天就開始準備，烹製了一大桌素宴，讓我們又感動又慚愧；為了報答鼎鈞夫婦的盛情，我把肚子的容積率撐到最飽和的程度；那晚回到掛單的東初禪寺，我是萬萬無法再享用法師準備好的可口飯菜。

紐約的無常之三：意外的臨時手術

在紐約開設印刷廠的傅雅堂居士，多年來一直默默地在護持佛法；只要是東初禪寺與法鼓山的事，無論再急再趕，他總是二話不說，做了就是。後來才輾轉得知，傅居士的母親就是後來隨白聖長老剃度的覺海法師；白聖長老同時也是師父的戒師。師父在二〇〇二年帶領五百位弟子就大陸東南六省的二十七座禪宗著名道場，做了為時兩週的古蹟巡禮，在江西的西林寺受到住持覺海法師的熱烈歡迎與接待。因此，這次的紐約之行，我們更熱切地希望能訪到傅居士。

東初禪寺的常懿法師協助我們找到了傅居士。平日就很低調的傅居士難得地應允了我們的邀請；但是沒有想到他臨時動了手術，這又是一只預想不到的變化曲球。為了讓病人安心休養，我只好斷了打擾他的念頭，只期待有朝一日就算只是拜望一下傅居士都好。

「觀無常」成了我這趟紐約之行的主修學分之一了。喔！不！這麼說並不對，其實它早就在我的身旁出沒個沒完沒了；雖然師父耳提面命地叮囑再叮囑，無奈有如「遲緩兒」的我，一直沒有隨時隨地去察覺啊！

就在紐約的旅途中，我的的確確在師父的舊識身上，在師父步履出現過的每一個場景、每一個角落，看到了師父無所不在的身影啊！

二〇一一年九月，我跑了一趟馬來西亞的檳城，去採訪一位了不得的女導演。

這位名叫何靈慧的導演，生長在中華文化異常貧瘠的土地，卻能將體內遺傳的中華因子迸射得光彩奪目，十年來，一口氣製作了《釋迦牟尼傳》、《天心月圓——弘一大師的傳奇》與《文成公主》等三部大型的音樂劇。

前往檳城，就是為了觀賞她的第二部音樂劇《天心月圓》。她是為了替檳城的華校募款而前往演出的。

就在檳城，我又實際體會了一次險些釀成災禍的「無常」。

檳城的單行道特別多不算，許多路口沒有紅綠燈，每每在搶過一個路口之後，都要慶幸自己毫髮無傷。某天中午，為了不要驚擾劇團的排演，我打算一人走過一條熱鬧的街道，去一間素食餐廳吃飯。

走著走著，遇到一個有紅綠燈的路口，我心中慶幸，總算可以不用如喪家之犬般地衝過去了。一當綠燈亮起，我當然是快步穿越，不過一輛黑色休旅車自右前突然朝我拐進來，不但沒有減速之意，還向我直衝而來；我嚇得快跑兩步，並且本能地在那部車的引擎蓋上用力一拍。

車子停了，我也站住了，我朝著車子招手，車子猶豫了數秒鐘之後，加了馬力，揚長而去；一輛路過的三輪車停了下來，沒看成熱鬧的三輪車夫有些失望。

那個當下，只要我反應慢一點，我一定會躺在那車的輪胎底下。

我終究沒有看清楚那輛車的司機是什麼人，不過，他也許會錯了意，以為我向他招手是為了挑釁。其實，我是想向他認錯的……，因為我不該先「動手」，在他車子的引擎蓋上拍打。一向暴躁易怒的我，居然在那個「無常」來襲時還能做此反應，連我自己在事後都覺得不可思議呢！

另一種鄉愁

何處是故鄉？鄉愁又是什麼滋味？
對阿斗來說，故鄉的意義已重組，
隨聖嚴師父海外弘法後，
美國的東初禪寺與象岡道場成了他心靈的歸宿，
象岡道場的禪堂更是他心靈的聖地，
因為那裡延續著法師的法身慧命。

我生在臺灣彰化的北斗鎮。在那裡，我沒有記憶。

以前的身分證上，曾登記祖籍——安徽省滁縣。一九八六年，第一次陪同父親回去探親時，發現身分證的滁縣已被改成滁州了。回老家的路途並不遠，但是車子才從南京城裡駛過長江大橋，就發現地不平不說，煙塵太大；沿路的村落低矮破舊，滿眼是看不盡的貧窮；我無法在那些駕著牛車、騎著自行車，很可能與我有血緣關係的路人臉上，找到任何讓我激動的符號。

車子好不容易顛進村子，就看見祖厝前的一口池塘，鴨子在游泳，村婦在搓衣洗菜，那水已深綠到不見底，水面上還有一些漂浮物；祖厝裡的地面是硬實泥土，地上都是雞的排泄物，連吃飯的桌面上都有公雞被趕走時留下的斑斑雞屎；我跟自己發愁，不停地問自己，眼前的景象果真就是父親朝思暮想的故鄉？當然，也是我的故鄉？

記憶中的故鄉：臺灣中部

我當然是有屬於我自己的「故鄉」的。

自臺中市省二中大門迤邐而上，接續大雅路路口的斜坡下端有一座大宅院。院中除了一大戶人家與大樹，以及早晚都香極的茉莉花叢之外，另有一排沿著省二中操場邊圍牆所砌成的低矮房子分成六、七戶，連廚房都是大家擠在一起共同使用。居中一間，只要一打開門就是一大片大戶人家高聳的水泥牆照面而來，除非正午，太陽是照不進來的；一條極窄的過道銜接左右，向左是公共廁所，向右是廚房與遊玩的院子。那裡，才是我記憶中的「故鄉」。後來，我們搬到父親配到的一間新房舍，位在臺中縣潭子鄉一條清澈河流的岸邊上，一座形狀像是T字型的眷村裡。

母親曾經帶我回去「故鄉」一次，唯一留下的印象是玩伴阿班死了；那時我大概才念小學一年級，我第一次對於死亡產生了惶惑與不安的情緒；我誰都沒有說，把那苦苦的、麻麻的味道吞到肚子裡去了。等到上高中以後，某次路過大雅路，不但操場沒了，大馬路邊上的磚廠不見了，大宅院憑空消失，連我生平唯一一次在畢業典禮上拿過第一名的「光達」幼稚園，也因附近的樓房林立而看不到了。

於是，我的「故鄉」不得不也搬到潭子去了。

離開臺灣到日本漂流多年之後，記憶中的潭子竟然也變了。一畦畦錯落有致的水田憑空消失，替代的全是醜陋的鐵皮工廠與整排黏在一起沒有個性的透天厝。舊眷村改建後，居民又悉數被遷移，一棟棟五層樓的水泥房子被扒掉了門窗，像極了沒有門牙癟著嘴的一群老大爺。

原本可以游泳、跳水，撿上游漂下來的蓮霧與百香果，挖石頭底下蛤蠣……沒錯，那條清水淙淙的河流，竟然成了一條臭水溝；用石頭磊造的石龍河堤都被水泥護牆篡位了，河水兩岸的蓊鬱樹林也全被密集的公寓替代……。

我的「故鄉」再次因變色失節而被我心碎除名。時至今日，縱然偶爾抵不住那條已然死亡的河流與殘廢的眷村呼喚，我跨上摩托車，穿過一絲熟悉又絕然陌生的街道直奔而去，可嘆結果都一樣，我遍找不到記憶中「故鄉」的一點氣味。

日本的故鄉：江古田

慢慢地，我試著把「故鄉」的定義拆開來重組。

東京練馬區日大藝術學部所在地的「江古田」，鐵道穿過的小巷道、小菜場、小燒烤店、小書店，還有六個榻榻米大的斗居；JR「目黑」車站東口，賣糖炒栗子的那位愛聊天的老嫗、掛滿仿製油畫的咖啡廳、居酒屋「丸八」、明明是鍋貼卻寫著餃子專門的拉麵店、住滿烏鴉的植物園……。哈！對啊！就連JR「五反田」車站連結立正大學的那條懸掛著燈籠的商店街，都形成了某種可以被追憶的氛圍。稱那裡是「故鄉」固然牽強，但是人生何處是故里？

前兩個地方是我居住與工作的所在，一待就超過了十年；後面提及的「五反田」是「目黑」的隔壁一站，曾經為了籌備聖嚴師父返校演講，有將近幾個月的時間與立正大學的負責教授以及工作人員在燈籠後的壽司店、喫茶店與文具店進進出出過；如今只要念頭一閃，就算人在臺北，我彷彿就有特異功能一般，得以穿梭在那些裝有記憶抽屜的走道裡、迴廊中；隨意拉開任何一個匣子，都能毫無差錯地認出相關的人事物。

美國的故鄉：東初禪寺

與過往因生活體驗而衍生出的記憶迥然不同，就在最近這幾年裡，紐約的東初禪寺與象岡道場，出現在我夢裡的比例，似乎已凌駕於排行榜前五名的數個據點了。

二〇〇九年秋末冬初這一趟紐約之行，雖然不是我第一次在沒有師父引領的情況下成行，但是，卻是師父圓寂後的第一次前往。一開始也許是某種心理的投射作用，但漸漸地，我必須承認，「東初禪寺」與「象岡」逐漸蔚成了讓我魂牽夢縈的元素，只要任何人提及這兩處，我的全身彷彿立刻被通了電一樣，易感了起來，high了起來。

記得一九九五年第一次到東初禪寺，坦白說，我曾經頗為失望過。禪寺位在西裔人（西班牙語系）聚集的社區、一個熙來攘往的十字路口上，大型公車與各型座車的喇叭聲、引擎聲、煞車聲、重金屬的音響聲、行人喧嘩聲等所匯集的聲浪，簡直可以與臺灣的傳統菜場較勁。

三層樓的建築已有足夠的資格稱為「後中古」級。進得門來，腳底下的樓梯木板嘎吱嘎吱地誇張哀啼，還害我挨了師父的罵；冰涼的水泥地若是沒有穿拖鞋就能讓你的腳指頭凍得像是十根冰棒。而後，東初禪寺成了我與師父周遊寰宇的重要接駁站，許多自紐約放射出去，遠至俄羅斯、以色列、英國等旅程，都要與師父先行在此會合；相反地，或與師父自歐洲一同回到紐約，再搭機返回臺灣。

從第一次開始，師父就要我在東初禪寺掛單。除了極少回因搭機時間太早或太晚而不得不住進去；除此之外，我搬出千百個理由「婉拒」，想掙脫師父的關懷與東初禪寺的束縛。師父太慈悲，沒有多說一句話，就看著我這麼進進出出的，當個自以為是的「自由體」。一直到二〇〇九年底去拍《他的身影》，為了拍攝方便，我與攝影師住進了東初禪寺。紐約的資深信眾聽說我住在東初禪寺，都很羨慕地表示，不是任何申請的人都能住得進去的喔！我無語。

我真的是自作聰明啊！

如果我能夠乖乖聽從師父的安排，在紐約期間，都住在東初禪寺，最起碼早晚兩頓飯是可以與師父同桌進食的；連法師都說，師父經常在飯後，就會在原座上開示，或說故事，或講佛法。如果我能每次都住在東初禪寺，說不定可以幫師父多洗幾次衣物，多幫師父照幾張照片，多被師父罵幾次好消除業障，而且，可以多聽好多故事啊！因此，這一趟，當我坐在地下室用完早齋，聽著東初禪寺的住持果醒法師坐在師父曾經坐過的位子，說著佛法，談及一些生死契闊的故事時，我不時地會恍惚，好似師父就坐在那兒。

於是乎，東初禪寺的存在對我形成了另一種難以取代的依止。我由排斥它，疏遠它，慢慢地轉化為牽掛、依賴與流連；這似乎也對照出我粗糙的學佛初衷，以及反思自省後對師父、對佛法的死心塌地地遵從與膜拜。

「東初禪寺」成了我心靈的另一故鄉。

心靈的歸宿：象岡道場

象岡則是另一個營建在內心底靜謐角落的歸宿。

無論是旭日東昇，夕陽西落；綠意活絡，枯枝寂寥；大雪紛飛，白雲舒卷，不同時空的象岡，總有一番觸動人心的景象橫亙在人的心田。

對我來說，師父的身影在東初禪寺是偏向靜態的；在象岡，師父好像變得動感些了。

天寒地凍的清早，天還沒亮呢！我才走出男寮，迎面就看到被披風圍巾包得密密實實的師父，沒有侍者陪同，孑然一個人，在黑暗中巡視象岡的園區，跑到廚房去關懷準備早齋的義工們……。

被夕照染黃的草原上，一片隨風搖曳的蘆葦深處，有一群美洲鹿家族出來覓食，師父興味盎然地數著牠們的家族成員；才一轉身，師父又以拐杖指著禪堂邊草坡上的兩隻鹿，說著：「真好，牠們不太怕人哩！」知客處的走廊下，住著一家土撥鼠，兩隻小的尤其可愛，師父像是孩子般地張大眼睛，停住呼吸貼在窗邊偷看，深怕驚擾了這些嬌客。

那方小湖，在師父的著作裡與口述都曾多次提及，我想，那應該是師父非常喜歡的「象岡一景」吧。小湖的南岸突起，沿著湖岸有好多個象岡特產的大石塊，或是單個穩立，或是一簇族聚。坐在大石頭上，可以俯瞰湖水的不同表情，或眉頭深皺，或平和舒顏；只要轉個身，就看到在陽光下發亮的禪堂一角，以及飛越而過的雀鳥；在這裡，師父與弟子們都拍下許多經典照片。

心靈的聖地：象岡禪堂

湖的北岸是平坦的樹林與小道，坐在湖畔木條椅上平望，對岸的林木倒影在粼粼波紋中，像煞施施而來的一隊行腳僧人，我數次在此流連忘返。東岸是一道堤防，筆直走去就是流水向下奔流的缺口；如果是隆冬，你可以看到出水斜坡沒有凍實的冰層下方，有一條生命力旺盛的流水像是條小蛇般，拚著命地在冰層的空隙中向下奔跑；反倒是一根根依附在石塊或岸邊突出樹幹的冰柱，一副認命的模樣，絲毫動彈不得。小湖的西邊是入水口，一小塊沖積三角洲上留下了汛期沖下來的樹幹，我在想，如果有船，這裡就是最好的渡口。

沿著北岸往西北方向行去，先是一段高坡，左側數十公尺的下方就是蜿蜒的河流；愈往裡走，景色愈是不同；令人驚豔的是在一片茂密叢林河谷中，河道在此分岔數支，行走在裡面有如置身在綠色迷宮；陽光自樹葉的空隙處閃爍現身，腳下的石子、泥土、腐葉快樂的與那一束束光點捉迷藏。我不曾與師父一同走進去過，我也不知道師父是否曾經有過與我同樣的冒險之旅。

「象岡」的禪堂又是我內心底的一塊聖地。在裡面，你真的可以把所有的煩惱、憂愁、心事與鬱悶，像是鞋子一般地脫掉，擺在玄關外；然後，沒有負擔，沒有牽掛。（聽說法鼓山的禪堂一樣有絕佳的氣場得以修行，只可惜我至今無緣親炙）無論從哪一個角度望去，都可「看到」師父在法座上開示，在僧俗弟子之間穿梭巡堂，乃至陪著大眾一起打坐。就算是師父在禪修期間專門為禪眾做「小參」的小房間，也是男寮蓋好之前，一到安板時間，就被我與攝影師阿良霸占的「臨時寮房」啊。

我不知道下一回是何年何月，才能再度前往東初禪寺與象岡朝聖。那裡，儼然已是我的另一個故鄉。

啊！不能再思量！

那畢竟不是個說去就能去的地方啊！

或許，那種思念的波動，也算是另一種鄉愁吧！

如果「鄉愁」可以為歌，我居然做到了。

當初邀請音樂人戴維雄老師來為《他的身影》節目製作主題曲；法鼓文化也有意願將音樂的部分另行出版CD。

維雄要我直接為《他的身影》主題曲寫詞，他來譜曲。他的理由居然與「滾石」的二毛師兄段鍾沂一樣——你曾經如此貼近過師父，就該把師父感動你的心情寫出來。

不知道如何對歌詞的韻腳下手，我逃避稿紙，也不敢敲電腦的鍵盤。後來不得不覺悟——多拖一天就多讓《他的身影》節目的進度受阻一天。

我終於把自己釘在桌前。

我開始讀取儲存在硬碟（腦袋）的記憶體，想著師父的辛勞，記起師父的好；自然，東初禪寺、象岡、威爾斯、以色列、瑞士……的晨昏日夜……都依序跟著「淡出」、「淡入」……。

於是，寫出來了！

我甚至有點忘形——不難嘛！

等到節目播出後，許多人在問，主題曲是誰寫的？

連葉樹姍師姊都將嗓音提高八度，不可置信地說，以為你只會寫文章而已，原來也會寫歌詞哦？

我只是笑笑。

我自己知道，原來，「鄉愁」真的是可以譜成歌曲的。

不論好或壞，《他的身影》足可佐證。

幸福滿溢的一天

來到象岡道場，
阿斗巧遇了常濟法師擔任義工的俗家父親，
他不僅將兩個孩子布施給法鼓山，也將自己布施出來；
來到莊嚴寺，尋找沈家楨老居士與聖嚴師父的身影，
那一年兩人握緊雙手的相知相惜，
透顯人性的美好，也讓阿斗看到真正的幸福。

二〇〇九年的十月三十日，這一天，不屬於任何慶典或紀念日；但是對我個人來說，卻是個無與倫比的特別的日子。

就在前一晚，《他的身影》攝影團隊由王榮師兄開車，駛往象岡道場，為第二天需要進行的拍攝工作提前預作準備。

我們分別下榻於象岡的寮房中。一人一間的房間備有早已熟悉的單人床；床上置有睡袋、枕頭，連床單都疊得整整齊齊，準備讓我們這些突然出現的訪客們安單所用。常濟法師的俗家老菩薩貼心地為我們開了暖氣，還主動遞過來拖鞋，說是擔心我們腳底冷。

常濟法師的俗家菩薩

老菩薩不多言。我卻喜歡他帶有濃濃廣東腔的普通話。

他是從加拿大多倫多過來的，這一趟已經住在象岡超過半年了。

他是現職的象岡義工，一位讓人看了忍不住想擁抱的義工。

尤其，這是聖嚴師父捨報後的第一次再見。

我一直稱呼他「老菩薩」。其實，他大我不了多少歲；我甚至到今天都沒有請教過他的姓和名。

他總是遠遠地看著常濟法師。

常濟法師是師父的英文祕書，工作自然不少。每每等到齋堂的飯菜都撤掉了，仍不見常濟法師的人影。

老菩薩有次攔住抱著一堆公文的常濟法師，叮嚀她去吃飯；常濟法師的英文又快又急，像足了臺灣夏天午後的驟雨。我雖然沒有完全聽懂，但意思是大約猜得到，大概就是：「人家忙到不行，一大堆事情等著做，哪有時間吃飯……。」話還沒說完，腳步不曾真正停下來的常濟法師，已如一陣風似地揚長而去。老菩薩碰了釘子，但臉上沒有一點火氣，他抬頭看了看天空，緩步走向寮房。

沒錯，老菩薩的個頭不高，但是靦腆的神色中透著默然，那是最引起我注意的第一印象。

他的默然如何而來？

布施兩個孩子的老菩薩

詳細的年份忘記了，但應該是二〇〇三年左右吧！那一年，常濟法師的俗家母親來象岡打禪十，弟弟也來了；老菩薩志願當義工，幫忙打點許多俗務。有趣的是，兩位老菩薩的性格完全相反，母親熱情洋溢，說起話來眉飛色舞，好像每一分鐘都是歡喜且自得的。

有一天上午在知客處，沒有旁人，我忙著一批稿件；當老菩薩收拾好聲勢驚人的吸塵器，完成當日的出坡工作後，帶著有點猶豫的微笑，走過來問我，會不會打擾了我寫稿子；我說，哪會！其實，他沒要我幫忙反倒讓我難為情。

老菩薩的粵式國語有如才開了一半的水龍頭，水勢涓涓，卻是認認真真，勤勤懇懇。他順著我的手勢坐了下來。他先問我那一趟與師父的行程是如何安排的；然後，他低著嗓子，有點自說自話地說：「師父太辛苦了，身體不好還四處奔波。」他又說：「曾經向師父懺悔，為的是沒有能力多捐一些錢給師父建設象岡道場。」（當時正在籌錢建蓋男女寮房）師父向他說：

「財布施固然重要，但是法鼓山更需要人，更需要人的布施，相形之下，老菩薩將女兒布施給師父，布施給佛陀，而且一布施就是兩個，這才真的是了不起。」

我恍然大悟，常濟法師的俗家姊姊當時也已在法鼓山當行者了。他說著說著，自然露出了微笑；我可以想像，師父在跟老菩薩說這些話是什麼樣的一種容顏；我更可以推斷，師父又是在什麼情況下安撫了老菩薩的心。

我也懂得了他的默然是從何而來。

將自己布施出來

事後，我又憬悟，老菩薩進一步也把自己布施出來了。他經常跑到象岡當義工，而且一待就是大半年。他要除草剪樹，打掃吸塵，洗滌被單枕套，維修暖氣……。

時隔三年，我與老菩薩又相見了。看到他，我有點訝異，我以為他回加拿大多倫多去了。師父圓寂的消息，對很多人造成了心靈上的波動；據說拜訪象岡的人也減少了許多。

那晚，我們快十點才抵達象岡；在知客處，我們相視笑了笑，沒有對話。等到他在男寮拿著拖鞋遞給我時，我可以在他的眼神中讀出來，他是想跟我說說話的；可是，我不敢，接過了拖鞋後，匆匆地返回了房間；我是刻意躲開了，我怕我們的話題除了師父還是師父，我怕他對師父的思念會與我的傷感來個正面碰撞；也許，此一碰撞不見得會頭破血流，但是，那一晚，我一心只想逃避。

一直到我們離開，我不曾再看到他。

第二天，車子拐出象岡的轉角後，我下意識地回了頭；也許，我希望能看到老菩薩的身影；也許，我希望能看到「他」——師父的身影。

莊嚴寺是必訪之地

我們的下一個目的地是莊嚴寺。

去莊嚴寺，當然也是為了去尋找師父與沈家楨老居士的身影。

師父與沈家楨老居士的故事是無須在此重複了。對於不了解的讀者來說，我只能簡略說明，如果沒有沈居士的慧眼識英雄，以無名氏的名義資助師父讀完博士學位，也許，師父坎坷的一生又會衍生出更多的波瀾與挫折。

一路上，灰濛濛的天空罩在我們頭頂；秋天的明媚陽光彷彿與烏雲發生了口角，始終不肯與烏雲握手言和，兀自躲在雲後生悶氣。我向攝影師抱怨，擔心畫面太過灰沉，不夠亮麗。

我想起了二〇〇六年。

那一年，師父最後一次回到紐約。

雖說師父依然忙到不行，既要趕去紐約洗腎治療，又得趕回象岡主持「全球青年高峰會議」與一個禪十；但是，師父絲毫沒有向忙碌妥協，他仍然要像每回回到紐約一樣，一定要到莊嚴寺去探視沈家楨老居士。那一年，沈老居士九十四歲。

同樣是深秋的某個午後，我們與師父一同進入莊嚴寺的園區。那一天，和煦的陽光毫不造作，慷慨無難地將溫暖揮灑給我們。

就算耳聞沈老居士的記性有些退化了，但是一旦看到他緊緊握著師父兩手的模樣，以及他那招牌式的燦爛笑臉，我還是被感動得鼻頭發酸。沈老居士的客廳絕對稱不上寬敞，自玻璃窗外投射進來的陽光，卻將那有些局促的空間妝點成佛國淨土；師父與沈老居士就是兩尊莊嚴溫煦的菩薩，他倆站得很近，就這麼迎著陽光，也沐浴在真情裡。

這一趟舊地重返，師父已經圓寂，沈老居士更是早師父一年仙逝。我們先行完成拜會活動，而後一同上車，前往「和如紀念圖書館」。

知恩報恩的經典故事

一九九八年，就在這座沈老居士為了紀念老伴和如居士所建蓋的圖書館裡，聖嚴師父與沈老居士有過一次歷史性的對話；沈老居士時隔數十年，第一次正式承認，是他資助了師父念完了博士學位。沈老居士說，如果他將那些錢買了古董或字畫，還不如成就一位傑出的法師，這樣子反而能夠讓更多的眾生得到法師的教誨與佛法的利益。

聖嚴師父在沈老居士的面前，就像是走遍了千山萬水，歷經了艱難困苦，終於看到了久違的親人一樣，忍不住掩面而泣……。師父在情緒恢復之後慨言道，在他多事的一生裡，很難遇到像沈老居士這種善知識；沈老居士就像是一股溫暖的和風，撫慰了師父，也堅強了師父。

這一幕，有幸被我們的《點燈》節目攝影小組記錄下來，這也成了人間至為珍貴的一段知恩、報恩的經典故事。

這次，我就是以膜拜的心情，想要再次登臨這個記述過人間至情至性一面的至高殿堂。

進了圖書館，我被引領到當年師父與沈老居士會面的一角。我的注意力一下子被一張照片吸引住，那就是師父與沈老居士在一九九八年見面時所拍的一張放大的黑白照片，他倆雙手緊扣，笑得燦爛無邪；兩人的眼神篤定，朝著一個共同的方向前進。喔！我的心立刻被牽引了進去，我興奮地拿起相框，移放到一座茶几上，請攝影師趕緊拍攝下來；就在這電光石火的剎那，一道陽光忽然自室外投射進來，陽光不偏不倚，就打在那幅照片之上……。

我傻了，陪同的人們也傻了，我們都像是暫時失去了呼吸的本能，只能被定格在原處，牢牢地看著那道陽光，那張照片……；不知道過了有多久，我被一陣嘆息聲催醒了，於是，我才知道，原來世人口裡說的「永恆」究竟是什麼了。

出了圖書館，我的雙腳如同踩在棉花堆裡，心中的愉悅與幸福擴散到全身的每個細胞；不用照鏡子我也知道，我的嘴角是上揚的，眼角是下彎的；沒錯，我一直是笑著的。

是故，就算來到沈老居士的家居門口，就算房門是鎖著的，就算太陽又不見了，就算一地的落葉隨著冷風在我腳邊打轉，我沒有一絲愁苦，更沒有甩不掉的blue，我大聲地說：「走！我們回紐約去吃披薩！」

據老美形容，吃披薩、喝可樂是會有幸福的感覺的。而我，還沒等到披薩入口，已然幸福到滿溢的程度了。

心／情／故／事

幸福的滋味只能自己去品嘗，去分辨。

以往，我將所謂的幸福滋味定位在「口腹之欲」之上。

有一回，在以色列的特拉維夫，我們忙到夜晚十點才饑腸轆轆地回到飯店。師父叮嚀我，帶攝影師阿良去吃些「好吃」的！

我的驚喜與意外自是無法用言語來形容。其實，跟隨師父超過十年，師父從來沒有問過我是否長期茹素。

領了師父的「通行證」，我與阿良可就一點都不客氣了！那晚我們跑了一間回教徒所開的餐廳，大快朵頤了一番，直將幸福塞滿了肚皮。

而後，又幸福了許多年，直到二〇〇八年的十月。

一個因緣闖了進來，我開始嚴肅的思考，是否要開始吃素了？

在此之前，曾有親近的好友勸我該吃素了，我搶白道，為什麼要為了吃素而吃素？愈要我吃素我就偏不！吾家同修就很聰明，早就吃素的她，從來不曾規勸過我。

也許因緣真的到了！我開始學習去思考，師父病了，家中小妹與老父也都開始在生死線上掙扎！我早晚要去面對「放下」這件事……不妨……就從「放下」「幸福」開始吧！

沒錯！就從二〇〇八年十一月一日開始，我放下了所謂幸福的滋味。

只不過，從那天開始，許許多多、形形色色不同的「幸福」，才真正出現在我眼前、我心頭……。

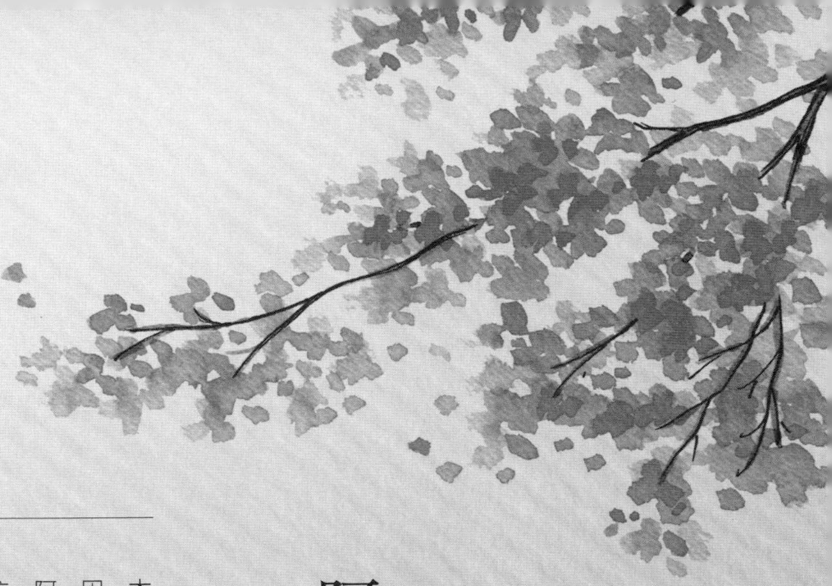

阿斗的粉墨登場

本來預計在聖嚴師父圓寂週年推出的《他的身影》，
因試片的結果不甚滿意，加上顧問們的建議，
阿斗從幕後藏鏡人，搖身一變為主持人，
這是他當初始料未及的，竟然要親自粉墨登場。

所有的親人、朋友，乃至許多不是很熟悉的朋友的朋友都知道，我正在拍攝聖嚴師父弘法西方的紀錄影集《他的身影》；但是，大多數的人卻不知道，我已「浮出」檯面，成為影集的幕前主持人了。

唉！這真是個說來話長的「悲劇」。對我來說是悲劇，但是對別人來說也許就是笑掉大牙的喜劇。

很不得已，也可以說是非常莫可奈何，我已經粉墨登場了。

姑且就勞駕各位，聽一聽我在這段時日所走過的心歷路程吧！

《他的身影》試片的挫折

我曾在本專欄的第一篇文章提起過，我曾答應過聖嚴師父，要將十幾年來陸續拍攝，有關師父弘法西方的行腳重新整理出來；可是，我開了張空頭支票，一直到師父圓寂之前都沒有製作出來。

人說：「知恥近乎勇。」懺悔過了，知道錯之後，我趕緊啣命（不是誰的命令，而是自己的老命）動身，跑完了美國跑大陸，開始面對這個不算小的工程。因此，《他的身影》企畫案於焉誕生。

按照原先的計畫，《他的身影》影集應該是在今年（二〇一〇年）二月底，聖嚴師父圓寂一週年之時播出的；但是，真的是計畫趕不上變化，我製作出的第一個樣片帶出師不利，在「安和分院」舉行的會議中慘遭淘汰。

其實，就在會議之前，我的心裡就有點不踏實；眼皮直跳不說，還連續去了兩次廁所。我有一個毛病，只要一緊張就上廁所。

果不如其然，當二十幾分鐘的節目播完之後，一向非常慈悲的果賢法師居然沒有開口，照理說，他會是第一位鼓掌叫好的人啊！我回頭看了看他，他的臉色有點「莊嚴」，我心想：「完了，他真的沒有一點『放水』的徵兆。」

尷尬的氣氛總歸要有人來「解凍」的！滾石文化董事長段鍾沂開口了。這位一向敢說真話，也一向擲地有聲的大師兄，像是子彈早已上好鏜的機關槍，開始向我掃射；緊接著，跟我有同窗之誼的陳韋仲，也毫不保留地追了上來，劈里啪啦地將一大堆意見倒給我，從頭到尾都沒有加一點標點符號的意思，好像想將我已經提不起來的一口氣，活生生地堵在我的胸口……。

我傻了，也啞了。

看我「定」在座位上答不出話的「窘樣」，果賢法師終於忍不住地開口了；不過，很抱歉，他還是沒有替我緩頰，一樣站在搖頭嘆氣的那一方。

綜合眾人的意見，這一版《他的身影》的試片帶，當然過不了關了。理由很簡單，大致上是「內容太過於小眾化」、「無法感動不是聖嚴師父信眾的觀眾」、「格局應該拉得更開更廣」、「聖嚴師父傳法去西方的大悲願心在哪裡？」、「拍攝這個影集的初衷是什麼？」……。

老實說，這些意見我基本上都能接受，畢竟栽的花、種的果是香是甜，只有自己的心底最有譜；但是，他們口徑一致的另一段話，幾乎把我「爆」到門外去，他們說：「是誰跟著師父行走海外十幾年？」、「是誰親眼看到師父弘法海外的辛苦與勞累？」、「是誰看到師父累了病了沒吃沒睡了，卻還是堅持著跨出蹣跚的腳步？」、「是誰看到師父自口袋裡掏出老本，交到海外一些傳揚禪法的弟子手中？」所以……。

搖身一變為「主持人」

沒錯！重點就在那句「所以」之後的話，虧他們想得出來，他們居然異口同聲地要我跳出來，擔任《他的身影》的節目主持人。

如今回想起來，當場有如一堆油餅，癱在椅子上不成人形的我，也真是不爭氣，我大可以大聲地反駁道：「我有口吃，不適合當主持人。」、「我又老又胖，沒有資格當主持人。」、「我沒有主持人的條件，我背不來台詞，恐懼面對鏡頭說話。」但是，我從頭到尾居然沒有提出異議，沒有駁斥，沒有反抗；我好像失去了任何語言能力。

基本上，我忘了自己是怎麼搭乘電梯，怎麼走出安和分院的；我只是如蜜蜂的聲音，「嗡、嗡、嗡」地跟他們說：「讓我想一想！」如此而已。

我從安和路出來後向右拐，走上敦化北路，一直往北走，一直走、一直走，走過了民生東路口之後，我才想起，前面要到松山機場了，我得在民權東路左轉，我得回公司去。

總算，我整理出那團有如亂絲的思緒。

回首這半生的一大段來時路，我當過新聞記者，會的是用自己手中的筆來生事；我可以不負文責，因為我的背後是新聞媒體，被我修理的人只能搖頭嘆息；我躲在媒體的保護傘下，躲在媒體的招牌後面，我自鳴得意。後來，我改行當電視節目製作人，我站在攝影機的後面，我可以因為主持人一個字的發音不合我意而叫NG，主持人就算不服氣，也不好當面抗議，掃了我的顏面。我也可以因為導播或導演的鏡頭不夠流暢，而在監視器的後面叫NG；導播與導演因為看不到我的表情，無法想像我的臉有多長、多臭，而乖乖地再來一次、兩次、三次……。

不再當幕後藏鏡人

於是，我終於識破了，我識破自己在這數十年來，已然習慣，習慣將自己隱藏，乃至於耽溺，耽溺在報紙與攝影機的後面；原來布袋戲裡的「藏鏡人」可以如此歡喜地、隨心所欲地作威作福，但就是抵死不肯離開，離開他的保護面罩。

回到公司，同修見我臉色難看，只謹慎地問了兩句；我支支吾吾了半天，她懂了，只說：「那就做吧！」我回頭想「回敬」她一眼，但她回過身，躲過了。

我在座位上發呆了一陣，首先想到，我又黃牛了，我已然無法在師父圓寂一週年時如期推出《他的身影》。雖說果賢法師已先行安頓了我的心，要我不必被這個承諾綁住，他叮嚀我，其實節目要做得好才重要；但是，我有點不甘心，還是要公司的企畫先來開會，務必要在二月底前，在《點燈》節目之中製作一集師父圓寂一週年的特別節目，這一集的節目就叫作《他的身影》。

等到氣緩了過來，拱起的肩頭也放下來了，我摸摸自己的鼻子，有點覺得好笑了，因為，我正在面對一場「因果報應」的現場轉播啊！眼前擺著的路已經再明顯不過，反正伸頭一刀，縮頭也是一刀，我乾脆痛快一點，就算是「現世報」吧！我就站在鏡頭前，讓攝影師，讓執行製作喊NG，喊個痛快吧！

心念一轉，混沌便開。我發現肚皮也餓了，我下樓吃了一大碗番茄麵。

等不到第二天，當天下午，我就向文化中心的果賢法師表態：「沒問題！我就來當《他的身影》的主持人吧。」

主持人初體驗

二〇一〇年三月底，《他的身影》拍攝隊伍再度回到紐約，那個三十多年前，聖嚴師父將漢傳佛教的禪法傳遞過去的西方重鎮。

在曼哈頓的海邊，面對著自由女神像，我被寒風吹到鼻子不通，全身起雞皮疙瘩；但這不能拿來當藉口，我口齒不清地接連吃了好幾個ＮＧ，還惹來跟我一樣凍得鼻青臉腫的老外遊客指指點點。這還不算；有天下午，在一間書店裡，我的先天不足（口吃）加上後天失調（時差），居然有本事ＮＧ了二十次以上，還無法將一段開場白說清楚講明白。工作人員差一點被我急哭了，但是他們都是菩薩，沒有給我一點不好的臉色看，還不斷地安慰我：「嗯！不錯！這次比上次進步一點了！沒關係！放慢點，我們再來一次，再試一次。」

如此這般，我雖然算不上是七十歲才學當吹鼓手，但是，搖搖晃晃，ㄚㄚ嗚嗚地學當電視主持人，真的讓人嘗到了頭皮發麻、腦袋空白、全身發抖，以及兩手打顫的諸多滋味。

沒有錯！生平第一次的粉墨登場，真的不好玩啊！

心／情／故／事

也許察覺出前幾篇的「尋師身影」寫得過於沉鬱，有些自我療傷式的囈語連發，我刻意將「粉墨登場」這一篇的文字輕快地跳躍起來。

這也算是回歸過去三本《隨師遊天下》的「阿斗」風格吧！

嚴格說來，如果把電視兩個字拿掉的話，「主持人」這份工作對我來說，並不是生平第一遭。

因為，我在法鼓山的大大小小活動中擔任過不少次主持人。十八年前第一次在農禪寺參加「菁英禪修營」，師父就曾「欽點」了與我同期的名作家李昂主持禪修結束後的分享大會。

最近去了一趟吉隆坡，一位熱心的陳永明師兄主動提及，他耳聞我的「大名」是在二〇〇一年，師父病後前往馬來西亞首府吉隆坡弘法的那一趟。我想了想，臉孔立刻炙熱了起來，而且熱度還久久不褪。

那一回，有上百位的信眾組織了「聽經護法團」，浩浩蕩蕩地從臺北出發。就在師父演講之間的某一天下午，由我與另一位師姊出任聽經團分享大會的主持人。

也許是坐在台下的師父仍有一絲病容沒有抹去，當我的搭檔問起我，與師父周遊列國，令我印象最深的一幕出現在何處時，師父在波蘭生病落難的畫面立刻蹦了出來；那個畫面與眼前師父的病容相互呼應蔚成了狂瀾襲向我，我忽然完全失去了自制力，不但語不成調，氣換成了泣，最後居然幾近「號泣」了起來……。

我的粉墨登場創下不少紀錄。吉隆坡那次，大概也嚇壞不少人吧？

阿彌陀佛！

《他的身影》紐約首映

《他的身影》全球首映於五月十一日在紐約舉行，
促成首映的因緣不可思議，
因他鄉遇故友的邀約，製作團隊隨緣盡分地趕工，
《他的身影》首集終於面世，
重現聖嚴師父三十年前的紐約弘法記行。

「隨緣盡分」是我非常受用的一句護身符。

在新聞界看多了世人的爾虞我詐，在影視界看穿了世人的現實利害，活該自己當年胡亂動心，虛榮相和，是故栽了不少筋斗，吃上不少苦頭。

一直到年過半百，筋斗摔不起了，苦頭吞不下了，才乖乖地將師父教過的佛法請出來，當作香板，一到危機出現，心防吃緊時，就趕緊自行了斷，給自己一記當頭棒喝！

「隨緣盡分」這四個字，是專治我「利欲橫生」、「得失難斷」兩大沉疴的靈丹妙藥。

也因為「隨緣盡分」的練習，我居然在自己的人生履歷中完成了一件幾乎達不成的任務。

此事要從二〇一〇年三月的紐約之行說起。

接下記述聖嚴師父弘法海外的節目主持人之後，因主述的觀點變了，許多二〇〇九年秋末在紐約拍攝過的內容，不是要重拍，就是得捨棄；於是，二〇一〇年的三月份就必須再度前往紐約進行新的拍攝工作。

鼎公催生的紐約記者會

師父的紐約友人王鼎鈞先生，在華人界是位「重量級」的名作家。因為師父的庇蔭，人稱「鼎公」的這位文學巨擘不但對我的採訪有求必應，一聽到我又要跑去紐約的消息之後，居然主動吩咐他的學生與朋友，要為《他的身影》節目在紐約安排一個新聞發布會；高齡八十五的鼎公也親自出席。

鼎公是位性情中人。他無論在私下或公開場合，從來不曾否認過自己是「拿了基督教的護照，又得到了佛教簽證」的經歷。他從小就隨著母親成為真誠的基督徒；後來因緣使然，他不但閱讀佛書，研究佛法，還因看了聖嚴師父的著作而療癒了心理障礙，由思緒枯竭的困境走了出來，不但又能提筆論述，而且也與師父締結了深厚的情誼。

鼎公的忘年好友麥鳳娟，方才自服務多年的紐約《世界日報》退休。這位行事風格爽快俐落，人際關係也卓有名聲的女強人，早在七〇年代就已皈依在師父座下，且與師父有過殊勝的因緣。這次接獲了鼎公的交代之後，從記者會的場地預約、布置，到新聞界朋友的聯絡，幾乎都是她一肩扛下。麥居士說，鼎公叮囑她，《他的身影》節目在師父圓寂之後，愈顯得重要；更何況紐約與師父之間的因緣橫跨了三十年，《他的身影》節目在這種情況之下不遠千里地來到紐約，身為師父的友人，鼎公明言一定要盡心盡力才行。

有了鼎公的發號施令，加上有心要報師父之恩，麥居士說話的節奏與速度也與行動一樣地加快了。

三月二十五日，紐約新起的華人城「法拉盛」，一座較有新味的大樓「飛越皇后」地下一樓的「日新月異」藝廊，就是記者會的現場。

就在前一天的下午，麥居士帶著我勘查場地時，就曾告訴我，我國駐紐約辦事處高振群大使的夫人將會代表大使出席記者會；但是高夫人要求不要公開講話，只想靜靜地坐在台下躬逢其會。我當時就想，這位官太太還滿低調的。

鼎公壓軸分享

記者會在下午兩點舉行，主辦單位是「文藝沙龍」。我這才知道，文藝沙龍在紐約華人圈頗為活躍，經常主辦藝文活動。麥居士是此一團體的總幹事，鼎公則是文藝沙龍成員們的精神領袖。

文藝沙龍不但請出了鼎公做為記者會現場的「活招牌」，還邀約了曾替師父撰寫過傳記《枯木開花》的名作家施叔青來增添光采。師父遺作《美好的晚年》的記錄者胡麗桂剛好也是《他的身影》節目的企畫，並且也隨著外景隊到了紐約，她也與我上了台，面對台下的記者與貴賓們。外景隊的另一位成員謝培鳳則穿梭於台上與台下，與攝影師阿良研究攝影機的放置定點。

記者會由麥居士主持，先由我報告《他的身影》節目的緣起；接著由麗桂分享在記述與整理《美好的晚年》的心歷路程。施叔青是我的老搭檔了，她特別提及在十餘年前擔任師父弘法節目《不一樣的聲音》的第一任主持人，以及撰寫《枯木開花》與師父互動的故事。

鼎公自然是壓軸了。

鼎公說，聖嚴師父雖然圓寂了，但是師父的法還在。鼎公隨即提及他與師父之間的因緣。他說，他一度在寫作上碰到了瓶頸，他的信仰幫不上忙；是師父的書讓他豁然開朗。他進一步分析，從佛教的理論來看，人與人之間的業報是互相影響，結成一個網，互相在裡面掙扎；如果拿此一說法來解釋他的作品，就全都合理了。

記者發問之間，有一個頗為尖銳的問題指向鼎公，是與他的信仰有關。鼎公毫不隱諱也不逃避地侃侃作答。坐在鼎公身邊的我，對鼎公的誠實、純真、大度、睿智更是敬仰有加。

他鄉遇故友——阿玖

記者會結束後，現場的氣氛更是熱烈，大家分頭照相、討論與簽名留念等等。我隨即被麥居士叫了過去，她要介紹高大使的夫人與我認識。

當我對著一位個頭頗高的高雅女士彎腰行禮之後，愕然發現她的臉上布滿了笑意；我定睛一看，我跟自己說：「不對！我認識她啊！」就在此時，忽然有人插話，我趁著極短的空檔去確認；「啊！是她！沒錯！就是她！」當年在中視服務，我因為工作因素還多次與她交流聚會過！她就是李靜玖，我們都叫她「阿玖」；後來，她為了陪同外派的夫婿出國而離職。

回到她身邊後，她臉上的笑意更濃了，乾脆直接問我，記不記得她是誰？我脫口叫她「阿玖」，她高興地握著我的手，訝異我居然還記得她。她說她也是向麥居士確認過，才知道我就是她認識的那個「阿斗」。

他鄉遇故知的感覺真的很好。我與阿玖有十六、七年沒有見面，也不曾聯絡過。依然熱心、溫暖的她，立刻要約我吃飯，並且也一併邀請鼎公、施叔青、常華法師、果華居士等多位東初禪寺的信眾們。

阿玖的盛情感人，聚會的日子一旦確認之後，她又決定要在官邸，並且親自烹煮素菜來宴請我們為數眾多的「人客」。正當大家被阿玖的丰采折服之際，她忽然回頭問我，是否可以在曼哈頓四十二街的代表處大樓舉行《他的身影》首映會？她說，紐約是師父奉獻半生的弘法重鎮，在紐約舉行首映會將會別具意義。我楞了一下，霎時不知應該如何回答；心細如髮的阿玖並沒有立刻要我答覆，她隨之又說，等到聚會當天再來研究吧！

佛法成住壞空的示現

坦白說，依照一般的作業，從拍攝、片頭設計到作曲、剪接、配音、音效、修改、定調等，如果沒有三個月是不可能拿出第一集的試片帶的；加上《他的身影》節目背負有重責大任，沒有得到顧問團以及法鼓山文化中心的審核同意，我也無權對紐約的首映會做任何的承諾。

當晚回到東初禪寺之後，我立刻發了一封信給文化中心的副都監果賢法師；東初禪寺的監院常華法師也依照正常管道報告僧團。我向常華法師反映，首映會是件大事，我真的是一點把握都沒有。

我開始不安，完全沒有信心，得與失在心中拔河。

接連著幾天，首映會的事情一直在我的腦中揮之不去。情感上，我當然是贊同首映會與紐約結合在一起；理智上，我覺得障礙太多，壓力太大，難度太高！

這一趟的紐約之行，因為第一次面對鏡頭當主持人，外加「時差」不時伺機干擾，我的壓力頗大。一天下午，我們前往長島，尋找師父在三十多年前，首次率眾舉行禪七的「菩提精舍」原址。菩提精舍原本是一座建在濱海山林中的別墅，是沈家楨老居士借給師父的。三十年之後，這一片應是修行好天地的原址，已開發成整座的居家社區。

唯一沒變的是師父曾經帶領禪眾經行的海邊沙灘。當我與師父在西方的第一位剃度弟子保羅，以及當年在此修行的三位來賓，一同踏上師父曾經走過的步履，一同呼吸到曾是師父呼吸過的冷冽海風時，我的內心一如浪花般的翻攪波動。於是我不禁感嘆，原來詩人筆下的「滄海桑田」就是佛法；原來佛法說的「成住壞空」就在眼前。

回程的路上，當首映會的事情又閃過腦際，我告訴自己，首映會的事就隨緣盡分吧！

隨緣盡分，首映成真

等到聚會的當天，紐約下起了綿密的春雨；依照常態，曼哈頓的車陣必然更是綿延不絕地充塞在過河大橋，以及紅綠燈交雜的市區道路上。但是，奇蹟出現了，我們的車子沒有碰到任何阻塞，連紅燈都不肯留難我們，我們提早抵達了大使官邸。

阿玖熱情地接待我們在寬敞亮麗的客廳坐下，她立刻問起了首映會的事。

常華法師拿出了東初禪寺的行事曆。眼下的好日子便是五月十一日，因為方丈和尚剛好會在五月十日的晚上抵達紐約，進行他一年一度的美國關懷之行。

阿玖與常華法師同時將徵詢的眼神射向我。我的腦子頓時如石光電火般的運轉，我在丈量，僅用一個月又一星期的時間來進行後製作，只能有常態的三分之一時間，但是，我點頭了。

沒錯！做此決斷的靠山無他，僅是隨緣盡分而已。

卸下了心頭事，自然可以有很好的胃口來迎接阿玖精心準備的料理了。準時回來的高大使也親口證實，阿玖極為慎重，不僅早早選購食材，也提前一天開始烹製食物。

這頓飯，我吃得酣暢痛快。

回到臺灣後，只要有人告訴我，無法在截止日期之前趕出音樂，我就立刻拜訪作曲家；剪接的狀況也不斷發生，一直剪不出我要的感覺；沒辦法，我還是馬上更換剪接師。第一集的腳本反覆推翻，一再重來，無法妥協；連我自己的配音都無法過關，因為味道不對，必須一試再試。

結果呢？趕得上五月十一日的首映會嗎？您說呢？

心/情/故/事

來說一個故事。是屬於前文中的麥師姊的。

麥師姊與師父結緣甚早。據說，早年紐約的華人要想見到師父很容易，一按門鈴就可以進入東初禪寺的大門；而開門的經常就是師父本人。

麥師姊當時還年輕，正被不和順的婚姻關係所苦惱。

有一天，實在過不去了，她趁著送素菜給師父的空檔請求師父開示。

師父吟哦了一下，一開口居然讓麥師姊嚇了一大跳！師父說：「生了兒子就會好了！」麥師姊不敢相信自己的耳朵，又再重複問了一次，師父依然回答：「生了兒子就會好了！」

麥師姊回答師父道，醫生早就說過了，她的身體不可能懷孕的，師父只是笑笑，不語。

兩個月後，麥師姊急遽消瘦，難進飲食；她的姊姊陪伴她去醫院檢查，醫生宣布，她懷孕了。再過幾個月後，麥師姊果然生了兒子。

而後，麥師姊去東初禪寺做素菜，師父有時還權充臨時保母，替她照顧兒子。

果然，有了兒子之後，麥師姊反而平和地接受了她的婚姻，不再有任何怨言。

如今，兒子非常成材，更是十分孝順，經常開車到「東初禪寺」來接不會開車的麥師姊。

師父在冬季經常圍在脖子上的咖啡色圍巾，就是麥師姊的兒子主動前往百貨公司挑選的。據說，這小子買的時候註明，要最好的、最貴的！

「人間仙境」與「人間淨土」

追尋著聖嚴師父弘法地圖，
《他的身影》製作團隊來到西雅圖與溫哥華，
師父曾讚歎兩地猶如人間仙境，
這兩處又如何從仙境變淨土呢？
讓我們隨著阿斗，一起找尋師父的身影與故事。

人說：「好事不出門，壞事傳千里。」

不過，或許也有例外吧！

對我，也許是壞事，因為我要把囤積在肚裡數十年的草包翻出來，攤在陽光下。對某些景仰、研究聖嚴師父，乃至追隨聖嚴師父的人來說，這應該會是好事。此處指的是由我擔任主持人，正在拍攝的《他的身影》而言。

尤其在二〇一〇年五月十一日結束美國紐約的首映後，許多人聞風來詢，直問《他的身影》何時得以觀看？節目裡說的是些什麼故事？

二〇一〇年一月，《他的身影》節目剪出來的第一個版本，被顧問團推翻後，此一影集隨即進入另一個起點。

製作團隊經過多次企畫會議的商議，培培、淑淳、麗桂等夥伴反覆推敲，大家綜合出來的結論很清楚，《他的身影》的敘事風格因主持人的另行設定，而必須重做編排與設計。前一年秋末在紐約拍攝的資料有些要重拍，有些要捨棄。為了呈現新的節目風貌，我們勢必要再跑一趟紐約了。

一九七六，關鍵的一年

我們鎖定《他的身影》的第一集，要鋪陳聖嚴師父於一九七六年的關鍵行動——美國行。

一九七六年，師父獲得日本立正大學文學博士的學位後，被形容是取得駕駛執照回到臺灣卻無車可開；就在此時，師父接獲「美國佛教會」的邀請，延請他前往美國弘法。於是，師父動身了。

師父先在紐約的大覺寺落腳。但是，弘法之路並不平順。有一度，師父還帶著剃度弟子保羅在紐約唐人街流浪，無家可歸；更誇張的是，師父曾借用某一場所帶眾禪修，竟然被管理人員舉槍恫嚇。也許是行經了太多崎嶇路，師父於是興嘆：「鳥要有巢，人要有家，僧要有寺。」因此，東初禪寺才逐步成型。

當我們閱讀了更多的資料，專訪過更多無論是曾與師父擦肩而過，或風雨同舟、一生隨行的學者、友人、弟子之後，我們更是被師父在三十多年前，就已經展現的過人毅力與鐵打的決心所折服；許許多多在美國發生的感人故事與珍貴史料絕對不能就這樣的空手比畫，一筆帶過。例如，東初禪寺的「孟母三遷」；師父在西方世界弘傳漢傳佛教的苦心與積勞；師父知恩報恩，念茲在茲的師長好友如今安在？

接下來，如何規畫出理想的拍攝行程，更是事半功倍的首要關鍵。

經過研商，我們發現最具經濟與實際效益的安排，就是先在美國與加拿大的西岸停留，將西雅圖與溫哥華納入我們的前段作業。畢竟師父在這兩個地方都曾留下過許多美好的身影。

另外，這兩地有我熟悉的友人，在他們面前，我可以試著自在些、放鬆些地面對攝影機；我一定要放慢速度，好整以暇地對著鏡頭開口說話，學習成為一個稱職的主持人，免得一下子就在紐約提槍上陣，萬一心慌意亂地成了面孔僵硬、舌頭打結的「急凍人」，事情就會非常的「大條」了。

西雅圖，寫下傳奇

我們決定從美西的西雅圖入境。

西雅圖有段經典的故事。

二〇〇二年，剛成立的西雅圖共修處像是呱呱落地沒多久的小嬰兒，充其量只有六位信眾可以相互扶持，蹣跚向前；沒想到，這六位信心堅強的菩薩居然就膽敢籌辦師父在華盛頓大學的演講。更大膽的是師父，他老人家居然就點頭答應了。

那一年，師父才率領了五百菩薩完成了巡訪大陸祖庭的半個月旅程；出了大陸又立即進入香港演講弘法；所有師父的僧俗弟子都對師父的身體十分擔心，甚至還有熱心的人主動打電話到西雅圖，希望能取消師父在當地的所有活動，讓師父直接回紐約休生養息。但是，師父不為所動，硬是如期從香港飛到了西雅圖。

到了西雅圖，我率先病倒，像足了一隻發不了威的病貓。師父雖然也累到氣息微弱，話都說不大聲了，但是，一旦到了上台的時間，師父突然換了個人似的，神清氣爽，氣度恢宏地上了座不說，風趣的語言魅力與深入淺出的開示內容，簡直風靡了全場爆滿的東西方來賓。

更有趣的是，師父在演講之前還好心安慰西雅圖共修處的正副召集人陳武成與陳瑞娟。師父說，來到華盛頓大學的聽眾能有兩三百人就算是十分成功了。沒想到，當天會場座無虛席不說，還臨時商借樓上另一個演講廳，將進不了場的觀眾分散過去。結果，出席人數遠遠超過一千人，師父事後開玩笑說，共修處的義工們究竟是去哪裡找來了那麼多的聽眾？

「天下無難事，只怕有心人」。這雖然是老生常談的一句話，可是，西雅圖的六位「有心人」居然就寫下了這麼一段奇蹟與佳話。

師父自然是非常歡喜的，還許下承諾，願意找機會再訪西雅圖；只可惜，師父雖然沒有刻意失信，但是因緣轉變了，此一約定便成了未完成的另一段「傳說」了。

溫哥華，關鍵的二〇〇三年

溫哥華亦然！

師父曾經在一九九四、一九九五、二〇〇三年三度到溫哥華弘法。師父也不只一次讚歎，能夠住在溫哥華與西雅圖這種有如「人間仙境」的人們，都是有福報的大菩薩。一向魯鈍的我就曾好奇過，這兩個地方都可以是師父往返紐約與臺北之間的中途站，只要師父點頭，他老人家絕對可以有很多機會在「人間仙境」停留啊？

二〇〇三年，師父於溫哥華市中心的「會議中心」舉行的演講，會場同樣被兩千位來賓坐得水洩不通，其中將近四成的聽眾是西方人士；但是，為什麼師父在二十餘年的東西飛行中只停溫哥華三次呢？

我曾聽過師父的嘆息，是為了溫哥華的菩薩們嘆息。如果學佛的人還是一天到晚被貪、瞋、癡、慢、疑等五毒所浸淫著，那麼，「人間仙境」就只是個表相，距離師父倡導的「人間淨土」還真是遙遠。

不過，看到師父二〇〇三年笑逐顏開地在溫哥華展開演講與關懷活動，我想，師父終究是位成功的教育家，他以實際的行動告誡弟子、教育弟子，「人間淨土」不只是局限於山光水色的居住環境而已，它是存在於每個人的內心世界之中，重點是自己是否得以內觀察覺啊！

二〇〇三年，真的是個關鍵年，對溫哥華來說。

就在二〇〇三年之前，溫哥華的菩薩們已經洞察到師父對他們的教誨與期待，他們逐一省悟，以實際的行動發心，繼而動員了起來。

溫哥華如浴火重生般地蛻變了。他們的能量愈聚愈大，居然決定蓋起了法鼓山在海外的第一個共修道場！居然把師父「人間淨土」的理念，實踐在日常生活之中了！

在二〇〇三年的溫哥華之行，師父曾親自為新道場舉行了灑淨儀式，並且應允，落成時一定會親自到場。

二〇〇六年，道場如期落成了，可是師父的健康卻於此時亮起了紅燈。我是在召集人林美惠的請託下，先行於臺北錄下了一段師父的賀詞，並親自將這張DVD送去溫哥華。我記得自己多麼地興奮與感慨地參加了落成典禮；在師父親自行經過的、灑淨過的步履處，我看到了具有法鼓山本山風格的溫哥華道場矗立起來了！雖然師父未能現身主持，但是，代表師父的方丈和尚果東法師的敦厚背影，不也掩映著師父更為龐大雄渾的念力與身影嗎？

前進西雅圖

整理完思緒，也找到了切入的角度之後，我頓時對這趟西雅圖與溫哥華之行有了高度的熱情與信念。「主持人」這個新頭銜所帶給我的不安與夢魘，也因此先被我塞進了行李的最下層。

我們士氣高昂地蓄勢待發。

我、攝影師阿良、企畫麗桂於二〇一〇年的三月十二日搭機前往西雅圖。

西雅圖的海關向來是有名的難纏，阿良就曾在此被刁難過，加上麗桂是單身女性，我還真怕第一站就會出現讓人心臟麻痺的意外。因此，急性子的我在飛機落地後立刻突圍而出，通過了移民局的盤查；接著，又快步下樓，守在行李提取處，拚命往樓上張望，希望能如願地看到阿良與麗桂出現。不過，也許我的頸子伸得太長太久了，居然招來了巡邏的地勤人員來查驗我的護照。

好不容易，他倆終於都順利地走下樓梯了，我在心裡大聲說道：「謝謝師父的關照。」

西雅圖共修處的發起人之一陳瑞娟與他的夫婿王崇忠，是師父早年的皈依弟子；師父口中「打不走，罵不跑」的他們，因為生意的關係而移民西雅圖。他們位於西雅圖住處的大門口，就豎立著一方寫著「人間淨土」的匾額。許許多多朋友的朋友的朋友，甚至一次都沒見過的過客，只要找上門來，都能成為他家的座上客。樂於助人的他們，在言談與舉止間都稱得上是標準的精進菩薩。我常說，他倆真的是腳踏實地、認認真真地在異域打造一處「人間淨土」啊！

十二日的黃昏，我們出了西雅圖的塔科馬機場（Tacoma），他們已守候多時。

西雅圖夜未眠

才上了車，瑞娟已經劈里啪啦地開始說明她的「決策」。她說，到家後先吃飯，然後洗一個澡，接著下來就要工作了！我立刻抗議，為我那重如秤砣的眼皮抗議，為我全身痠痛的臭皮囊抗議。但是她似乎不為所動，她說，西雅圖陰雨了好多天，難得今夜是個星光燦爛的好天氣，而且氣象預報後面幾天又要變天，因此，她要我們馬上動起來，當晚就去拍攝電影《西雅圖夜未眠》的出名夜景；我本來還想做一點抗辯，她馬上回道：「連師父當年都去過耶，你能不去拍嗎？」、「你能不讓沒來過西雅圖的電視觀眾看一看嗎？」我立刻閉上嘴。

到了他們的家，發現已聚集了十幾位老朋友；眾人的噓寒問暖與濃郁的飯菜香味立刻軟化了我全身沒有馴服的細胞；我乖乖地照表操課，不再有任何異議。

過了十點，我們整裝完畢，向西雅圖的主城出發。

就在崇忠與瑞娟關懷的眼神下，身為《他的身影》節目的主持人，我的第一個鏡頭，就是在西雅圖的「皇后山丘」上完成的。「皇后山丘」是西雅圖城裡的一塊高級住宅區；我們駐足的觀景地點，是一對老夫妻捐贈出來，讓任何來訪的旅人都可以分享這一方美景的。

當時已經接近午夜，氣溫頂多是攝氏兩度，外加冷颼颼的海風湊熱鬧，我不知道自己是如何將臨時拼湊的台詞說完的；我只知道，主持人這行飯果然不好吃；我當下決定，回臺灣之後，我要對合作的主持人加倍地體諒禮遇，加倍地疼惜愛護才行。

當然，我也更為心疼當年被我們哄到山頂與海邊看夜景的師父（我就是推波助瀾的元兇）。他老人家當時也許多麼地希望能夠留在飯店的房間，洗一個熱水澡，睡一個溫暖的覺；但是，師父什麼都沒有說！師父像個模範生，隨我們指揮，隨我們發落。此刻，我看著山下的萬家燈火，看著聳立著的西雅圖針塔，看著職棒西雅圖水手隊的棒球場，看著師父當年在此曾經看過的每個景物；我那有點近視的眼睛愈來愈模糊了，我心裡思念師父的念頭也愈發地炙熱起來，最後，連崇忠與瑞娟叫我上車的聲音都沒有聽到……。

西雅圖的拍攝內容在五天內順利完成。由林明海駕駛，陳瑋、浣芬、崇忠、瑞娟組成的啦啦隊隨行，我們又驅車前往溫哥華。

天公作美的溫哥華

美加海關不留難人，我們順利入境加拿大。

溫哥華的菩薩為了我們的到來，早早就在網上、電話的聯絡中反覆商定我們的行程。熱心且細心的美惠、照興、國賢，竭盡心力的安排與接待，使得我們的溫哥華拍攝進度不斷超前。

適逢溫哥華的櫻花盛開，粉的粉，白的白；加上奇花異朵競相爭妍，萬紫千紅，恣意怒放；無論我們身在何處，都可看到天是蔚藍無雲的，海是碧綠如鏡的；師父口中的「人間仙境」果真是名不虛傳、美不勝收啊！

據說在我們抵達之前，溫哥華的天氣是多雨潮濕、陰冷難捱，根本看不到太陽。但是，從我們進入溫哥華之後，不但天公作美，日日都有豐沛的陽光照拂著我們，連備好的冬衣都無須上身。但說也奇怪，等到我們一拍完，準備離去了，就在當天晚上，雨就迫不及待地下起來了。於是，「感謝師父加持」這句話，便成了我們此行旅途中不絕於耳的口頭禪；當然，也成了我心頭上最受用的一帖「安心劑」。

而後，我們返回西雅圖，直飛紐約。

紐約，就是《他的身影》影集的重要源頭。

《他的身影》節目像是一艘滿載了祝福的巨輪。我知道，這艘船不但已經平安順利地出航，而且也將平穩地駛向每一個曾經被師父祝福過的國度與港口。在浩瀚無邊的汪洋大海之中，我們一無所懼、了無罣礙；因為，師父留給我們「人間淨土」的藍圖，是我們心中可靠的羅盤與莫大的依歸。

心／情／故／事

溫哥華一向被視為全世界最適合人類居住的城市。

居住在溫哥華的一位師兄W，與我有一位共同的朋友S。S則是移居到被稱為男人的天堂——上海，已有多年了。

S在上海事業有成，我等每回去上海聯絡上他，S少不了是要以豐盛的宴席款待我們。飯後，聚會仍未結束，他一向堅持要帶我們去唱歌；而唱歌的所在一向是為了一些「歌翁之意不在歌」的男士們所設計的。

我與W很難在那種聲色場所尋找到自在的因子，因此，慢慢地，就算是去上海，也避免打電話給S了。

一位原來可以深交的朋友，我與W不約而同地放棄了。

W說，溫哥華是個人際關係十分簡單的社會，尤其對於他們這些移民家庭來說，孩子們長大了，也成家立業了，他與另一半就在溫哥華享受一個無須與世人應酬，只要實實在在地面對自己的純淨生活，足矣！

一度，我也打算在花蓮購屋，等到可以退休時，得以在好山好水的「臺灣天堂」安享晚年也不壞。不過，隨後又打消了念頭。

我想，如果身體健朗，我在有生之年，肯定還是有許多機會去紐約、西雅圖、溫哥華……，再訪我心中的「人間天堂」。有一天，走不動了，該歇息了，無論身在何處，我還是隨時可以踏上記憶中的「天堂之路」啊。

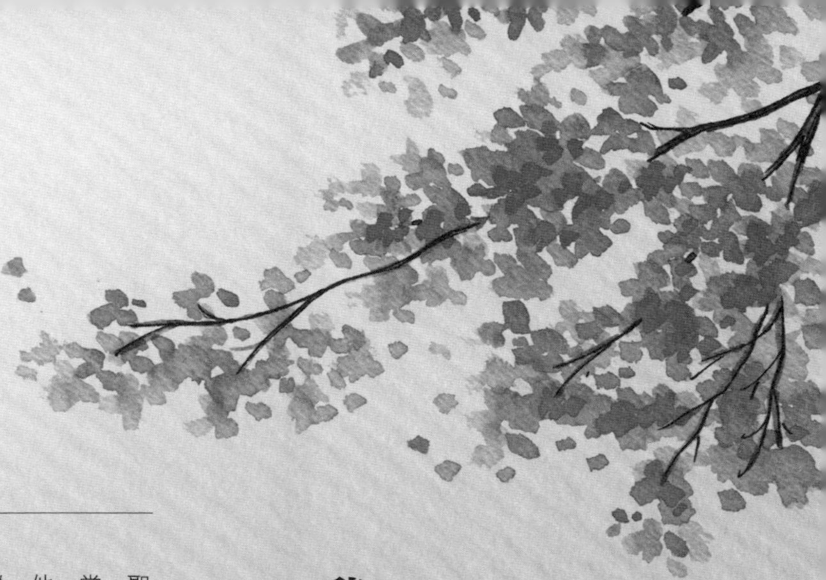

我們有相同的師父

聖嚴師父初到美國弘法曾流落街頭，
當時陪著師父的就是保羅·甘迺迪，
他是師父第一個剃度的西方弟子，
從他身上可看到，雖然是西方人，
但在修行的路上，一樣受到師父的啟迪與影響。

他是個不開朗的人。

若是引用早期的流行用語，他是「屬於憂鬱的」；他是「眉頭可以夾死蚊子的」。

他原本是個黑髮濃眉的「型男」。翻看以前的資料，他極瘦，長髮披肩，是當年美國最典型的「失落的一代」。他們厭倦物質發達的資本社會，也厭戰；有的人也厭世。

第一位剃度的西方弟子

他是保羅・甘迺迪（Paul Kennedy）。聖嚴師父在七〇年代抵達紐約後，教導的第一批禪修弟子；也是師父第一位剃度的西方弟子。

十多年來，我跟隨著師父全球走透透，認識了不少不同膚色、不同語言的朋友。很有趣的是，我與保羅真的是「晚熟」；我們是因為《他的身影》節目才急遽拉近距離的。其實，早在九〇年代末期，師父開始在象岡帶禪修，我就見過他。師父在開示的時候經常會叫到他的名字。內容大概都是與

「當年你們……」等的話題有關。

我依稀知道他是誰。但是沒有跟他說過話，甚至點過頭，打過招呼。一向好奇的我，並沒有在過往的旅途中拼湊出屬於保羅的故事。

一直到二〇〇九年晚秋，第一次前往紐約拍攝《他的身影》節目時，在東初禪寺遇到一位熱心的資深悅眾，他問我：「是否訪問了保羅？」，我回問：「哪一位保羅？」他訝異地張大了嘴，意思是：「你連保羅都不認識，怎麼還來拍攝師父的故事？」

我立刻開始補救。但是因為行程太趕，外加保羅住在康州，距離紐約有一大段路，東初禪寺的常懿法師說，臨時去驚動人家太勉強了；於是，我打定主意，下一趟如果再去紐約，一定要找到保羅。當然，訪問保羅之前，我們自己也該做足功課才對。

幸好是《他的身影》重拍，也讓我有機會觸碰到師父當年在美國與保羅衍生的一段師徒之緣。

新改版的《他的身影》第一集，說的就是師父在一九七五年應沈家楨居士的邀請，前往紐約弘法，所帶領的第一批西方弟子的故事。我們將這一集的題目定名為〈Shifu〉。

保羅在第一集分量之重要，就不難想像了。

也多虧了常懿法師的聯絡，保羅爽快地答應了我們的邀請。

保羅又回來了

等到二〇一〇年仍然冷得讓人發抖的三月天，我們與保羅在紐約的東初禪寺碰面時，我一聽到他滿口漂亮的中文，不禁樂得哈哈大笑；這一下，用不著我那坑坑疤疤的英語上陣不說，他還能幫我當英文翻譯，我真的是平白撿到了一個大便宜。

與保羅同時接受我們採訪的，除了師父的英文老師南西（Nancy），還有馬宜昌、溫妮夫婦等，他們都是師父在紐約第一階段帶領的禪修弟子。

保羅在近年裡，又蓄起了與當年一樣的長髮。當這些老朋友見到他時，都開心地摸著他的頭髮，認為能夠見到三十多年前的保羅又「回來」了，真的是令人開心又溫暖的聚會；他們還說，這樣的外型才是他們眼裡真正的保羅。

七〇年代，保羅是在于君方教授的引導下，與一群大學同學前往紐約的大覺寺參訪。而後，一個週日的下午，保羅又獨自一人到了大覺寺，當他走到地下室，發現一個房間的門打開了，一位看來頗有威儀的東方法師走了出來，這就是保羅與師父結緣的剎那。

那天上午，師父剛剛從臺灣抵達紐約的大覺寺。

從那之後，保羅與幾位同學開始跟著師父學習打坐禪修。今日已是大學教授的丹・史蒂文生（Dan Stevenson），以及師父後來非常倚重的翻譯王明怡，都是第一期的同窗好友。

過了一段時日之後，師父詢問保羅是否有意願出家，保羅表達了有此念頭；師父就叮囑他先把大學的學業完成後，再來出家。

憶當時男兒也淚垂

二〇一〇年的三月，就在大覺寺的大殿，保羅開始回憶起出家當天發生的一些故事。他說，剃度當天的儀式非常莊嚴，來了不少信眾觀禮，連他的母親也來了。保羅記得母親的腿已經不是很方便，是坐著輪椅的；母親並沒有反對他出家。不過話題一旦觸及他在剃度儀式的過程中，向母親下跪，感恩母親的養育之恩的片段，也許讓他思及已然往生的母親，他忽然哽咽了，久久說不出話來……。身為主持人的我站在一旁，頓時不知該如何是好？是該安慰他兩句？抑或拍拍他的肩膀，表示感同身受？結果，只是傻傻地站在那裡，彷若鐵打的羅馬兵士；但唯一不同的是，我也跟著鼻酸眼熱，泫然欲泣。

同樣的畫面也出現在象岡。

保羅後來也跟著我們去了象岡。象岡所在地的小城有一家很出名的冰淇淋店，保羅還好意地請我們在颼颼的冷風中大啖冰淇淋。

就在象岡小山丘的亭台邊上，保羅憶起師父。他說，以前年輕時，跟在師父的身邊，不知道這段師徒之緣對他的意義是多麼的不同；他因為煩惱多，經常把自己關在愁苦的空間裡。一直到後來還俗了，有段時間他還擔任師父的翻譯，在禪修與演講活動中和師父同進同出。

不過，師父後來病了。他很慶幸，他在二〇〇七年底趕到臺灣，專程探視過師父。他說，他那趟臺灣之行並沒有其他的目的，他只想親口跟師父說，他是非常在意師父的……。說著說著，保羅又開始哽咽，然後，眼淚大顆大顆地自他憂鬱的眼眶中奔流而下……。我再度進退兩難，不敢直視他的眼睛，不敢看攝影機，我還是只能像尊石膏像，一尊會陪著他流淚的石膏像，傻傻地站在原處……。

當年貴人浩霖長老

保羅也一度跟著師父流浪街頭。

因為大覺寺的人事異動，有一回，師父與保羅自臺灣回到紐約，發現無處可去了，只好在曼哈頓的唐人街流浪。白天也許說經講道，晚上就四處尋找借宿之處，甚至還曾寄身於教堂的廊下。後來，幸得唐人街東禪寺的浩霖老法師接濟，在浩霖老法師位於孔子大廈的公寓中住了快兩個月。

也許這段流浪歲月太過刻骨銘心，師父因此興起了「鳥應有巢，人應有家，僧應有寺」的感慨；不久之後，師父開始在紐約尋找建寺的因緣與地點。

同樣是二〇一〇年的三月，保羅也帶著我重新在唐人街的街道穿梭訪舊。雖說時隔數十年，唐人街也已非昔日情景，保羅不但找到了那間住過的教堂，還與我們一同回到孔子大廈，也拜見了年邁的浩霖長老。可喜的是，老法師耳聰目明，他不但提及曾經在師父於臺灣南部閉關時，於颱風天涉過漲水的小溪，替師父送日用品過去；還在師父借住孔子大廈時，煮早飯給師徒兩人吃，還要師父把東禪寺當作自己的寺廟……。當然，長老也依然記得保羅，長老說當時的保羅非常年輕；保羅說也許他很白，加上剃了大光頭，長老當年還笑他的腦袋像個光亮的電燈泡。我們一群人圍繞在浩霖長老的身邊，笑得酣暢極了，好像也有意要把師父的份一起笑出來。

不同的膚色，相同的信仰

與保羅相處的那些天當中，他的隨和、親切、友好態度，都讓我覺得好像與他認識了有數十年之久；同時有一股說不出來的親切感油然而生，那是一種類似家人相處的熟悉與眷顧。

同年的五月，《他的身影》在紐約首映。保羅本來是無法出席的；在常懿法師的力邀，以及我的隔海呼喚之下，他居然就在當天出現在會場。看完了影片，請他上台說幾句話；我看到他的眼角仍是溼潤的。他說他很驚訝，沒想到我會用我的視角來說出他與師父之間的故事……。

我覺得我欠了保羅太多、太多。他花了好多時間陪我們，自費開車來與我們相會，沒有酬勞，沒有補貼。我一度擔心此刻獨居的他，日子過得如何；他善解人意地告訴我，這幾年是他一生之中過得最優渥的歲月。他之前曾經詢問過師父，他去買賣股票是否會對一個修行人有負面作用；師父告訴他，無須有此罣礙，就當作一種營生的工具。結果，他笑得很開心，他說現在很自在，於是，我也跟著自在，跟著開懷了。

保羅．甘迺迪——一位美籍白人，一位披著黑灰間雜的長髮，慈眉善目，易感和善的初老紳士。他的外表跟我真的不一樣；但是，我與他有一樣是相同的，我們有相同的信仰，我們有相同的 Shifu。

師父有太多太多的僧俗弟子。現在要說師父的另一位俗家弟子——大陸著名演員張國立與師父結緣的故事。其中有部分細節是一位師兄說與我聽的。

數年前，我製作了一部連續劇《歡喜菩薩》，由師父的弟子陳亞蘭以及大陸的「皇帝小生」張國立主演。

後來，連續劇要在台視上演了，我邀請張國立來臺灣宣傳。於公於私，我皆不能避免地在張國立繁忙的行程安排了他到安和分院拜訪師父，並且皈依師父。

師父當天是由法鼓山下來，途經陽明山稍做駐足，因為有善知識想捐出一片建築物給法鼓山。不過，師父下車沒一會兒就說要走，任憑同行的其他弟子再三挽留也沒用。

在場的一位俗家弟子跟師父說，張光斗在利用師父替連續劇宣傳；師父答道，他知道是宣傳活動，但是，他還是要趕過去……。

坦白說，我如果在場，恐怕也無法否認那位菩薩的說法；沒有錯，這的確是宣傳的一部分；但是我卻相信，師父明白我的另一用意——我希望因為張國立的皈依佛門，皈依師父，能夠在大陸十幾億人口之中吹起影響的漣漪。

果不其然，當天晚上各電視台與第二天各報紙大幅度報導後，立刻讓張國立因為接聽大陸的媒體以及相關機構的關懷電話而為之手軟。張國立說，許多人以為他在法鼓山落髮出家了，卻不知所謂的「皈依」只是如師父所說，是向三寶正式「註冊」為佛教徒啊！

而後，張國立索性將師父賜給他的法名「常昇」註冊為公司，成為「常昇國立工作室」。

我多麼希望，張國立能夠成為中國大陸影視界最為精進的「常昇」居士啊！

觀音的旅行

東初禪寺二樓禪堂的觀音拓畫，
在信眾們心中有著不可思議的靈驗，
對聖嚴師父來說，
則是從東洋到西洋一路的守護。
為了追溯這幅觀音像與師父的因緣，
阿斗一路從美國追回到臺灣，試圖找出當年那段法緣的起點……。

紐約東初禪寺有一件「鎮寺之寶」，紐約的資深信眾都知道，魯鈍的我卻是後知後覺。一直到了聖嚴師父圓寂之後，為了《他的身影》節目，我決心去挖掘師父在紐約的故事。

觀音的靈驗

虧我來去紐約如此多趟，竟然粗心大意地忽視了，這幅靜靜掛在東初禪寺二樓禪堂長達三十年的觀世音菩薩畫像。

更讓我驚訝的是，一些資深信眾說這幅畫像十分「靈驗」，無論是婚姻、事業、子嗣等，有緣上二樓的信眾都能歡喜滿願。

這幅拓印的觀世音菩薩像，為唐代著名畫家吳道子所畫。我知道，下筆應該避免使用任何與「神蹟」有關的字眼。因此，我只能強調，這幅觀音畫像是師父親自由臺灣帶到日本，陪伴師父苦讀；然後又攜至紐約弘法；就算在紐約的街頭流浪，這幅觀音畫像也不曾離開過師父的身邊。

感謝《他的身影》節目的企畫胡麗桂與謝培鳳。當我們在紐約東初禪寺掛單，拍攝《他的身影》那些天裡，她們為了這一集的故事，取了這麼出色的標題——觀音的旅行。

觀音的守護

這幅觀世音菩薩像深深地打動了我，除了線條俐落、寶相莊嚴，最主要的因素是師父在東京苦讀時，一直有這幅觀音像默默守護著。

我曾在日本前後打混了有十二年之久。為了混一張碩士文憑，我可是深切體會到這是一件多麼不容易的「不可能的任務」。

語言是第一個障礙。日文十分繁複，面對談話的對象，謙虛與尊敬是完全不同的語法；雖然也有漢語，但是使用起來可不一定通用。閱讀還好，各種字典排在桌上，還可勉強過關。張口說話也有難度，只要日文一出口，立刻就被對方打分數，看你有無教養、有無文化。如果要自己動手寫論文，那就更是「魔鬼任務」；不但文法不能錯，光是查詢各種資料就要半條命。

接著是生活費。東京大，居之不易。物價一直高居全球之冠。如果要專心念書，缺一個有錢的爸爸就會非常苦惱。

還有指導教授。日本是個封建社會，學術界的「學閥」可是各有山頭，派系不同；只要一個不小心，掉到派閥鬥爭的夾縫裡，那麼結局一定會慘不忍睹。

師父在日本苦讀六年，居然就拿到了碩士與博士學位，這需要多大的毅力與決心！其中的考驗與折磨，絕非一些言語文字所能形容。因此，當我在師父的著作中讀到，師父拿到學位的當天，長跪在那幅觀世音菩薩畫像之前，掩面痛哭之時，我彷彿也回到了當年居住在東京的六個榻榻米大的斗室裡，（師父的房間只有四個半榻榻米）；我自己當年從碩士口試考場生還，雖不曾嚎啕大哭，但是那種渾身虛脫，不知該哭還是該笑的心境，就算與師父不能相比，但卻是讓我心有戚戚焉啊！

在師父的心目之中，那幅觀世音菩薩畫像可化作師父俗家的父親與母親，可以變成東初老人，可以視為一路行來所碰到的恩人、師長。那是力量的源泉，是信念的保障。我是這麼想的。

觀音的凝視

就在二〇一〇年的九月中旬，我有幸去了一趟臺中的大里鄉，訪問近年來已經停刊的佛教雜誌《菩提樹》創辦人——高壽九十的朱斐老居士。

朱老居士剛自上海的寓所返臺。這位在年輕時也曾留學日本的耆老，主動談起他去日本拜訪師父的往事。他說，師父當年留學日本的客觀條件有很大的障礙，一些比師父早去的僧人不是還俗就是結婚；因此，連東初老人也極力反對。但是，師父的信念堅如磐石，不但艱難困苦地披荊斬棘，在那間冬冷夏熱的小房間裡苦讀，還堅持穿著僧衣出入學校。沒想到，師父的持戒反而讓學校的師友感動，對師父崇敬有加；有一天，師父陪同臺灣去的客人在外吃飯，因為沒有淨素的菜，師父竟然甘之如飴地吃了兩碗白飯。

坐在回程的車上，我的腦子裡有各種不同角度的影片回放著：

師父在酷冷的一月天，以所有禦寒的衣物將自己密密實實地包了起來，但是，冷風還是從木板房的空隙裡鑽了進來，師父翻書的手指凍得失去了知覺。然後，溽暑來了，堅守戒律的師父穿了單衣，坐在榻榻米上，沒有冷氣，沒有電扇，師父不為所動地埋首苦讀狂寫，一條汗水自師父的後頸部悠悠而下。這一切，都有一雙關懷、激勵的眼神凝視著，陪伴著；那雙眼，是屬於牆上立著的，唐代畫家吳道子所繪的觀世音菩薩……。

觀音的追尋

有了師父與這幅觀世音菩薩間的因緣鋪墊在眼前，我有些按捺不住了。是故，最近三次重回紐約東初禪寺，二樓的禪堂像是塊磁鐵，無論清晨或是深夜，我總是無法抗拒地被吸引了進去。也許，我的足下可以無聲，但是內心裡卻像是聒噪不停的鶱浦，有無數的問題湧上、湧上……。我或端坐，或肅立，或俯拜在觀音像面前，我仰問觀音菩薩許許多多不得其解的問題。當然，我第一個想知道的是，究竟這幅觀世音菩薩的畫像是在什麼因緣之下歸屬師父的？

我也在東初禪寺訪問了不下二十位以上的資深悅眾。他們幾乎都知道這幅畫像的存在。但是一旦問及來路，答案就如春天裡盛開的花朵，真的是「百花齊放」啊！有人說，是東初老人在師父啟程前往日本留學之前，親手交給師父的；我再問，此一說法來自何處？可靠嗎？那位答話的可愛老菩薩想了想，然後毫不猶豫地搖搖頭；我差一點笑了出來。

也有的人說，是信眾供養給師父的。我追著問，是誰呢？有沒有姓與名？沒想到答案又是搖頭。

我不信邪，回到臺灣之後，我去拜訪林保堯教授；林教授是研究佛教藝術的專家，又與師父多所接觸。林教授告訴我，這幅觀音像的真跡應該是收藏在大陸西安的碑林之中。可是很遺憾，他並不知道師父是如何得到這幅畫像的複製品。

適巧有關師父思想的研討會正在臺大舉行，我又火速趕赴臺大；美國哥倫比亞大學的于君方教授，以及佛羅里達州州立大學俞永峰教授等師父的弟子與好友都在場。但是，很遺憾的，我仍然沒有找到標準答案。

既然一再碰壁，我當然不准自己輕易過關。

我懺悔，為什麼我的心智如銅牆鐵壁般難以度化？跟在師父身邊這麼多年，就算是再粗心大意，再會做白日夢，哪怕只要是靈光乍現，隨口詢問一下師父有關東初禪寺的故事，師父肯定會告訴我的啊！尤其是那幅觀世音菩薩的畫像，我模模糊糊似乎有一點印象，不知是哪一回，絕對有人向我提及過，我大概又神遊太虛，沒擺在心上，因此就錯過了最好的時機。真的，我已經坐失了無數次良好的機會啊！

於是，我又跑到北投雲來寺，正好紐約東初禪寺剛將此畫送回臺灣複製，並將那幅觀世音菩薩裱框了起來；果賢法師還特地搬出來給我看；但是，我正在尋找的答案，法師也無從回答。

果賢法師大概怕我太沮喪，又主動提起，從東初禪寺調任回來的常悟法師曾在二樓禪堂與師父聊起過這幅觀音畫像；我的心臟一下提至胸口，狂跳不止；不過，常悟法師畢竟是修行人，他居然沒有隨著師父的言談追問下去。這條線，又斷了。

我一度要去拜訪果元法師。果元法師在紐約落髮，長期在紐約輔佐師父弘法，他極有可能知道謎底。可是還沒等到我上得法鼓山，麗桂菩薩就告訴我，她已在電話中替我詢問過果元法師，答案亦然，不清楚。
我像是只洩了氣的皮球，彷彿再也滾不動了。

觀音的答案

有一天，在麗桂、淑渟與攝影師阿良的陪同下，我們去了陽明山下的故宮。因為又有消息傳來，說師父臨去日本之前，自己在故宮請了這幅觀世音畫像。

到了故宮，遊人如織，我們穿梭在人群之中。我們像是四個傻瓜，一心想要在這巨大有如海洋的寶庫之中，尋找師父於一九七〇年代前來故宮，與觀世音畫像結緣的剎那時空。

陽光很強，無風無雲，我有點被曬暈。站在故宮的廣場上，我忽然回頭跟他們三個人說，我好像錯了！我愕然遭到當頭棒喝一般！

師父不是曾經說過，我們都要學習觀世音菩薩救苦救難的精神，我們都要學著做觀世音菩薩？所以，師父一生就是循著觀世音菩薩的大悲大願，師父也才會以他的羸弱的身軀實踐「盡形壽，獻生命」的悲願啊！

因此，追究觀世音菩薩畫像與師父的因緣有這麼重要嗎？

我暈頭轉向好些時日的腦袋頓時清明了。那個困擾自己又干擾多人的問題如一只氣球，漸漸飄遠，倏乎不見。

那個當下，地球的另一邊，紐約的曙光將現……。

那幅觀世音菩薩的畫像，仍掛在東初禪寺二樓禪堂的牆上，不曾移動過。

心/情/故/事

師父說過，法鼓山是觀世音菩薩的道場，我們每個人都要勉力去做觀世音菩薩的化身。是故每回到山上，我彷佛處處可見觀世音菩薩現身一般，在每一位擦身而過的僧俗四眾的臉龐與身上，皆可見到慈悲與智慧的光影與行儀。

有一年，在法鼓山上參加水陸法會。

某天中午，過完堂之後，我由大殿下的休息室長廊穿過，遇到一位女眾法師坐在一旁。

法師看到我，立刻站起來，雙手合十；我趕緊站住，合十回禮；但老實說，我沒見過這位法師，更遑論如何去稱呼這位法師的法號了。

法師說，她在俗家時，於吉隆坡聽過我演講，她被我所說的內容，亦即師父在海外弘法的辛勞與苦心所深深感動，因而決定要前往臺灣，拜在師父的門下，剃髮出家……。

我的內心忽然「咚！」的一聲！有幾分惶恐，更有幾分不安。我同時也突然回想起師父曾經問過我，到底我的演講都在講些什麼？

面對師父，我有點反常，難得的緊張了；我有些支支吾吾，然後回答師父道：「我只是與大眾分享我在師父身邊，看到師父在弘法路上的悲願與勞頓。」

師父聽了我的答覆之後，沒有說話。

如今，我仍不時地會四處去分享那些對我來說已是「永恆」的故事。

只是，很汗顏地，我依然不知那位法師，應該如何稱呼。

窗

通過窗，我們彷彿與世界相通，
擔任聖嚴師父的英文翻譯們，就是師父通向西方世界的窗，
因為他們，師父可以向世界傳布佛法，
同樣地，師父也是開啟他們生命之窗的人，
讓佛法的陽光灑進他們的人生。

從小，我就非常不喜歡地下室。因為黝暗的空間會引起無名的不安。就連朋友熱心帶領我參觀他頗為自豪的儲酒地窖，我也不太起勁地伺機溜走。

我也非常不喜歡密閉的倉庫。幼時玩躲貓貓遊戲的倉庫，曾造成我噩夢連連。那種封閉的空間令人呼吸急促，冷汗直流。

後來開始學習認字，我特別愛上了「窗」字。

因此，當《他的身影》節目企畫麗桂將某一集的故事定名為「窗」的時候，我真的喜出望外。

這個名之為「窗」的故事，指的是聖嚴師父在西方世界弘法時所仰仗的英文翻譯們。

年屆四十五歲才開始學習一種新的語言，師父的決心下得驚人。

旅居美國數年後，雖然師父的英文在日常生活之中是足以自理的，但是，師父在禪修的開示、對外的演講、法會的說法等，還是需要即席的英文翻譯。

王明怡，第一扇窗

一旦提到英文翻譯，幾張透露出智慧與自信光采的菩薩面容，便逐一浮現在眼前。

首先要提的，當然是王明怡了。

一九九五年，我第一次跟隨師父到美國與英國威爾斯，就是明怡師兄擔任翻譯。

明怡自小生長在香港。到了美國後，偶然與母親進了大覺寺，追隨師父練習禪坐，居然成了師父在西方教導的第一批弟子。明怡說，因為只有他一個中國人，於是非常自然的，他幾乎從第一時間開始，就成了師父的第一位英文翻譯。

我曾經親耳聽過師父讚歎過明怡的母親，感謝她能布施這麼一位出色的兒子，協助師父來弘揚佛法。我也從各個國家、不同語言的禪眾口中，聽到他們感恩明怡，大家一致誇獎他的英文翻譯簡直好到不行。

明怡從一九七六年開始擔任師父的英文翻譯，一直到九〇年代的末期。

前後橫跨了二十餘年。

雙腳不是十分方便的明怡，因年歲漸長而無法忍受紐約冬季的濕冷，他決定搬到溫暖的加州。當他向師父報告此一決定，我也親眼看到師父眼中的不捨。不過，進入二〇〇二年之後，明怡還是曾專程自加州飛到西雅圖與舊金山，為師父的專題演講擔任翻譯。

二〇一〇年的五月，我約了明怡。我們在洛杉磯聚首。

因為塞車，明怡開了五、六個小時的車子自住處趕到洛杉磯的共修處。當我看到他艱難地跨出每一個步伐朝我走來，我彷彿又看到他在英國與師父搭檔，一同面對專程來踢館的聽眾；我也看到他在濕冷的威爾斯、波蘭，將自己以衣物毛毯嚴嚴實實包得緊緊的，認真翻譯著師父說出的每一句開示……。

明怡在與我回憶師父的過程之中，特別提到二〇〇二年的西雅圖之行。他說，師父像是特別提醒他似的，提過一個概念。師父說：「心中不起惡念是智慧，身口沒有邪行是慈悲；智慧並運便是菩薩道，福慧兩足的便成無上佛果，菩薩道要從眾生群中求，把人做好了成佛也不遠。」說著說著，明怡哽咽了，眼淚自他與師父一樣厚重的鏡片後緩緩流了下來。

翻譯，佛法飛向世界的窗

Rebecca Li（李世娟）同樣是從香港移民到美國的。由一位北京話說得坑坑疤疤的美國大學教師，竟然很快地就能以流利的中文替師父翻譯。Rebecca 適時地填補了明怡搬離紐約之後所留下的翻譯空位。

Rebecca原先也是在師父的指導下修習禪坐，她的美籍同修亦然。Rebecca 一開始接到師父徵詢的信息之後，一度非常忐忑不安；不過，聰慧的她很快就將師父翻譯一職扮演得恰到好處。

二〇〇〇年之後，師父將很多的時間與精力放在世界宗教和平活動之上。Rebecca 一路跟著師父去了愛爾蘭、以色列、約旦等地，既要面對正式場合的即席翻譯，偶爾也得包攬下侍者的工作；像是愛爾蘭之行，因為主辦單位限制與會名額，Rebecca 還要身兼侍者，替師父準備早餐，加茶添水；她事後笑說，真的忙到手足無措。不過，一旦憶起師父的慈悲言行，Rebecca 也紅了眼眶，她頻頻拭淚，說不出話來；過去給人犀利幹練的印象，頃刻間好像完全在她的身上消失了。

果谷菩薩（俞永峰教授）是在師父身邊長大的；從小跟著母親進出東初禪寺的果谷，與師父結下的師徒之緣十分特殊。

當他出家時，就已經接手一些國際性的事務；師父與達賴喇嘛的世紀對談，就是由果谷一手策畫聯絡。在美國生長的果谷熱情而直接，每次跟著師父到世界各地，只要是果谷在，我都分外輕鬆，因為果谷都將攝影小組的相關事宜全部安排妥當了。

後來，果谷也開始擔當了翻譯的工作。一開始，果谷也非常辛苦，經常回頭要請師父再說一遍，有時候還會被師父訂正他的口誤。

後來，果谷還俗，專心念書獲得博士學位，也擔任教職。當我看到他又回到師父身邊，在禪修活動中為師父翻譯時，我心中的興奮之情真是筆墨難以形容。

二○○六年，師父最後一次回到紐約帶禪十，就是果谷擔任翻譯的工作。看到師父病體難挨，又要勉力地上座開示，絕不休息，坐在師父身旁的果谷想來心中一定是五味雜陳吧！

師父，生命之窗

與前述的幾位翻譯比較之下，張璨文是較為特殊的一位。

張璨文常住臺灣，任職於臺灣輔仁大學，她在一九九九年第一次替師父翻譯時，就曾向師父透露過有意出家。

二〇〇四年，張璨文跟隨師父出國到新加坡與澳洲弘法。在新加坡，就發生了一件讓我感動至今仍歷歷如繪的事件。當時，身體已十分不適的師父在飯店房間裡接受治療後，必須立即接受新加坡《海峽時報》記者的專訪。

女記者詢問師父，身體又老又病，卻是什麼力量支撐，願意風塵僕僕地四處弘法？師父沉吟了一下，抬頭說：「盡形壽，獻生命而已。」師父看似雲淡風輕的回答，卻有千軍萬馬的力道。張璨文當場說不出話來，先是哽咽，眼淚接著撲簌撲簌地掉了下來。女記者當場傻眼，以不解的眼神看著張璨文；等到張璨文整理出情緒，將「盡形壽，獻生命」的字義，翻給女記者之後，從進門開始就酷著一張臉的女記者忽然如溶解的冰塊，表情陡然一變，臉部線條頓時柔和了下來。

二〇一〇年的夏天，約了張璨文來公司錄製專訪，沒想到有心人如張璨文，竟然帶來了一封師父在二〇〇八年，剛從加護病房出來就寫給她的一封信。師父先是恭喜她完成了博士論文；接著勉勵她，無論出不出家，只要她幸福快樂就好。

這封信不但讓張璨文又淚水潰堤，坐在一邊的我也阻擋不住自己的淚腺活潑了起來。

細數師父的英文翻譯們，就像是一扇扇開闊亮麗的窗。其他如師父的第一位西方剃度弟子保羅•甘酒迪；原籍新加坡，雖然不是師父的剃度弟子，但是師父將他視如己出、全力栽培的果峻法師；祖籍馬來西亞的陳維武；在多倫多長大的常濟法師……，都曾經親近師父，皆是師父非常得力的翻譯。

如今，這一位位學業有成，在自己的專業領域中皆各有成就的翻譯們，雖然不再有機會跟著師父行遍天涯海角，替師父口譯，傳播佛法，但是，我相信在他們的人生體驗中，與師父的這段難得因緣，一定會歷久而彌新，珍貴而長遠的。

我再次馳騁在想像的空間裡。如果有一天，這些翻譯們能夠集聚一起，開一個「同『窗』會」，將一些貼近師父的小故事、大心得分享，一定會是一幅動人的繪畫，一張生動的照片，一集吸睛的影片，一本有笑有淚的著作……。

我如此期待著。

心／情／故／事

最近認識了一位七十一歲的新朋友，非常特別的一位「小伙子」。

身材不高，短小精幹的他，能量可大著了；我跟著別人稱呼他為「丘老大」。

出生在汶萊的丘啟楓「丘老大」，自小家境清寒，不過，也許血液中華人的DNA有了活耀的發揮，讓他與生俱來就有傳承中華文化的使命感，所以在初中畢業時，就可以站上華校的講台，開始教授小學生的中文了。後來更苦讀有成，考上了臺灣的師大歷史系。

之後在臺灣考過了普考、高考，曾服務於新聞局，也擔任過臺灣住汶萊辦事處的第一位當地職員。而後，轉業於新聞界，今日仍是《汶萊時報》（英文報刊）的副總編輯。

幾十年來，無論他擔任任何工作，念茲在茲的就是如何將中華文化的根苗留在汶萊，那個對華人來說先天不足，後天也失調的貧瘠土地上。因為他也當過當地華校的教師與校長，他深切體悟道，中文（華文）是華人將中華文化綿延不斷地傳給下一代的一扇「窗」，只有將這扇窗打開，才能奢談文化的傳承。

近來，他在推行華文教育的同時，也出了汶萊華人移民百年來的第一本書《國王的寶藏》，這可是他遠從臺灣請至汶萊教學的老師歐銀釧帶領著孩子們所出版的「文創」哦！

丘老大太忙碌，忙到睡覺的時間都不夠，連他一向最為自豪的記憶都減退了。當他聽到我提及，應該去學學禪坐，放下身心，好生調息的建議時，他說，他早有此意，只是遺憾沒有機緣；於是，他已發願，隔年春天，他一定要抽出時間登上法鼓山參加禪修的活動。

我相信，參禪後的丘老大一定可以替自己打開另一扇「窗」——汶萊的華文教育肯定更有希望了。

觸動北京

此行踏上北京機場，機場已不同以往，
也沒有聖嚴師父同行，
不過，二〇〇五年法師在北京的記憶卻一一出現，
在北京尋找的那些人那些事，從中依稀看到了師父的身影……。

歷年來，我追隨聖嚴師父去過最多的地方就是美國的紐約。想當然爾，那裡有師父將漢傳佛教與禪法西傳的重鎮——東初禪寺與象岡道場。

其次，就是北京了。

二〇〇九年十二月五日，《他的身影》節目外景隊自臺北抵達已然天寒地凍的北京首都機場。

只不過十年左右的光陰，北京機場如同大陸整個社會的地貌、人心，已經有了翻天覆地的改變。走在機場新穎、寬敞又亮麗的走道上，我忽然想起一九九八年的九月，跟著師父由俄羅斯的聖彼得堡，經由法蘭克福，抵達北京的往事。

當時，北京首都機場的建築與旅客通關路線都稱不上「便捷」；無論是入境或出境，局促的空間與昏暗的光線製造出紛亂不安的氛圍；不愛排隊只會擠推的人潮，幾乎可以將人架著離地挪動。我與師父前胸貼後背，我頂多只能挪出一隻手稍稍隔開幾乎要將師父「拐」出隊伍的眾多手肘，並且大聲拜託他們不要將體弱輕盈的師父擠壞了；師父回過頭來看了我一眼，眼角帶點笑，神情有點無奈，我卻是受到鼓勵一般，更是奮力地想要將師父護送到蓋章的窗口。那一剎那，我與師父好近好近……。

這一趟，機場煥然一新，旅客在宜人的空間行進，幾近享受；陽光愉悅地自連環的落地玻璃窗穿透進來，更增添了一種度假的自在氣氛。我依然背著那只隨身背包，但是，我失去了那份緊密的歸屬重心，我前顧後盼，彷彿在尋找一襲僧衣的身影……。

那一年在北大

計程車到了北京大學門口，警衛不准車子進入，我們一堆笨重的行李與器材難道要自行走上一段路，扛進北大裡的賓館？我肚子裡的無明火開始蠢蠢欲動，但好在一個念頭及時閃過，此行是為拍攝《他的身影》而來，不可以生氣，更不可壞了師父在北大建立的聲譽。後來，麗桂打了電話給賓館櫃台，請服務員另行以電話通知門衛，我們的車子才得以放行。警衛攤了攤手說，這是規定。

才安放好行李，我們立刻就展開了訪談的拍攝工作。也多虧了師父的清譽庇蔭，在那幾天的行程中，無論是北大或清華大學，我們經常都能提前完成預定的採訪。當我們面對了兩所名校幾位聲名卓著的學者，如北大哲學系宗教研究所樓宇烈所長、王邦維教授、清大國學研究院陳來院長、胡顯章教授、曹莉教授等，從他們的言談中，都可以發現他們打從心底崇敬師父的學術成就、宗教情懷，以及度化眾生的毅力與決心。尤其，當我聽到他們對師父的理念朗朗上口，從「心靈環保」的四環到「需要的不多，想要的太多」、「面對它、接受它、處理它、放下它」等，我發現自己的嘴角像是上弦月似的，弧度很高……。

另外，更難得地，我們找到了師父於二〇〇五年在北大演講後，在下榻的房間親自授三皈依的其中兩位學子雷蕾與盧駿儀。

當年青澀的學生，只不過四年的光景，都成了自食其力的社會人了。

看到他們，我分外覺得親切。我依稀記得他們在北大未名湖畔、師父休憩的公寓裡，一行好幾位師生跪在師父面前，與師父使用一致的聲調，低聲誦念著觀世音菩薩聖號，又隨著師父的導引皈依三寶。他們熱切地像是回家的遊子，不停地向師父請益，有如海綿似地吸吮著師父釋出的法食；師父雖然極累，極倦，但依然抖擻著精神，回應這群求法若渴的孩子們。

雷蕾和盧駿儀與我們分享了那一晚不滅的回憶。雷蕾說，她因為那個溫馨的春日夜晚，親近了師父，從而明白有一種方法可以讓自己的心靈安寧、安詳，並且察覺到生命的意義。盧駿儀也說，師父當晚給他的震撼非常強烈，他因此知道了什麼是自己能做，什麼又是不能做的；他進而學會去規範自己的行為。當我們將師父的《心經》墨寶送給他們做紀念時，雷蕾的淚水直流，駿儀也流露出珍惜的眼神。那一刻，我可以完全感受到他們內心所受到的觸動！沒有錯，在場的夥伴都跟著紅了眼眶。

難得知音人

與鳳凰衛視主持人王魯湘的對話，則是我此行重要的一次「震撼教育」。

王魯湘是在二〇〇八年年底前往法鼓山訪問師父的，他可以說是師父圓寂之前最後接見的媒體人之一。

王魯湘說，他特別能夠領會師父建設法鼓山的理念。他說，就以法鼓山的祈願觀音殿來說，觀音寶座後面的水簾是從法鼓山山上流下的自然水源，當那些水流經過了觀音的加持之後，都成了慈悲的法水與大悲水。這一泓大悲水在殿前的一方淺塘中匯聚成一面明鏡，不但能讓上山的人看到了自己，也滌淨了心中的塵埃；緊接著，流水又滾滾奔向山下的百姓人家；這象徵著師父一心要想淨化眾生，提倡「心靈環保」的悲心大願，絕對不只是啟迪人心的口號而已，師父是完完全全在履行對眾生的承諾啊！

那一晚，在北京朝陽區一所錄製電視節目的攝影棚裡，王魯湘在晚飯的空檔接受我的打擾。我每丟出一個問題，他都以令我心怦怦跳的內容來回應我。我愈聽愈嚴肅，愈聽愈慚愧。我嚴肅的是，一位大陸的媒體人居然能夠如此深入地進入師父的內心世界；我慚愧的是，多年來上法鼓山怕有數十次之多，我有思考過，沉澱過，師父在創建法鼓山的硬體與軟體上，究竟是投入了多少的心血？展現了多少智慧？我看到了嗎？了解了嗎？

結束訪問後，我的腳步分外沉重。走在一旁的麗桂大概也與我有同感吧。當時擔任師父隨行記錄的麗桂，在路燈不明的黑暗歸途中告訴我，王魯湘那一次的專訪原本頂多是三十分鐘左右，畢竟師父的體力已大幅衰退，無法長時間接受訪問；但是，那一天的師父彷彿見到了知音，遇見了知己，整個的訪談不斷延長不說，師父的精神特別好，談興也特別的高，簡直有點捨不得讓這次的對話結束。

那些人那些事

除了王魯湘之外，我們這一趟的北京之行，也專訪了大陸的「皇帝小生」張國立與凌峰、賀順順夫婦等人。

張國立是在二〇〇二年的臺灣之行時，在師父座下皈依三寶。師父給他的法名是「常昇」，他乾脆將自己的工作室也冠上了「常昇」二字。凌峰是基督徒，但是當他看到賀順順於二〇〇五年皈依時的掩面而泣，他自己竟然也躲在一旁跟著淚水縱橫，感動不已。

我利用機會邀請賀順順做為《他的身影》北京的引言人，她不但毫不猶豫地答應，緊接著，她還說服凌峰，夫妻兩人跟著我們一同跑到濟南，為師父送還阿閦佛頭的故事繼續串場。

北京，因為有了師父的身影，使得我日後在北京旅途中，都有一股綿密的動力，讓我在這個古都裡增添了更多的觸動與感受。

心／情／故／事

一位學佛數十年的師姊近日遭到「重創」。

她在大陸經營事業多年。近日，她培育八年，信賴有加的助理盜領了她存摺裡五十萬人民幣之後「蒸發」了；臨走前，還將她銀行帳戶的密碼擅自改掉，幸好，她及時發現。

她急忙趕回大陸處理。聽到身邊朋友的反應幾乎一致——沒有什麼稀奇的！九〇年代以後的年輕人，已不受什麼管束，他（她）們在一胎化的特殊環境中長大，唯「我」獨尊，凡事只想到「我」，碰到挫折只會責怪他人，不會自我反省。

師姊不為失去的金錢難過，她痛心的是為何八年來的心血沒有改變這位心態不夠平衡的助理；助理二十歲就跟著她，她只差沒有把著助理的手，從待人處事到自修成長，一樣一樣地教導……。

我發現一向意氣風發的師姊被擊倒了，像是擂台上的拳擊手，連站起來的力氣都沒有。

她說，她要去參加水陸法會，她需要沉澱一下，她想去懺悔，去向累劫累世種的業，結的冤，好好懺悔。

我們的結論是，無論北京抑或上海、重慶、大連、廣州……，大陸上如果能有正信的佛教去教化人心，將文化大革命之後就付諸闕如的倫理、道德、禮儀……重新植回去，就不信人性真的喚不回！

也許，大陸上如王魯湘先生般有善根有智慧的媒體人，是到了應該站出來的時候了。

我的思念

因製作《他的身影》影集，阿斗走過聖嚴師父的人生足跡，
在旅途中，在某些人身上看到師父的身影，
從王鼎鈞、仁俊長老身上領略到的身教，
如同師父的教導一般，
對師父的思念找到出口，同時知道師父的身影無所不在。

籌備了一年半，前後拍攝了年餘；就在聖嚴師父圓寂兩週年的此刻，以師父海外弘法為主軸的《他的身影》影集，在播出一季（十三集）後，訂於二月初告一段落。

回首這一年多，再次走過師父的來時路，感動多過感傷，歡喜多過悲悽。在旅行移動的時空切換之中，我一再告誡自己，尋找師父的身影並不見得要輔以低落的心情、悲切的眼瞳來行事；相反的，我應該是以感恩、還願、和敬、喜悅的心境與態度，來重新還原這一系列的珍貴史實。

不過，我畢竟還是凡夫俗子。在紐約東初禪寺二樓的禪堂、地下一樓的齋堂，以及一樓狹長的大殿裡，只要一回頭，我似乎就會與師父撞個滿懷。在象岡道場的小參室裡，那幅師父手書的墨寶〈空中鳥跡〉下方的蒲團上，只要我瞇著眼睛仔細一看，師父不正在那兒閉目打坐？

鼎公的身影

不要說是「睹物思人」了！就算是在一些特定對象的身上，我彷彿也隨時可以看到師父的身影。

王鼎鈞先生就是代表人物之一。

從二〇〇九年的十月開始，到二〇一〇年的深秋為止，在這一年當中，我去了紐約四次；沒想到的是，我每見過鼎公一次，就感受對他的牽掛已然愈來愈深。事實上，我是在二〇〇六年，師父最後一次返回紐約時，才首度近距離地見到這位華人文壇的巨擘。

二〇〇九年，初次為了《他的身影》節目採訪鼎公的那天，紐約的氣溫驟降，我只在街上錄了一小段開場白，冷冽的寒風就吹得我頭痛如針扎。年已八十五的鼎公染有微恙，卻在看完病後直接來到東初禪寺。心細如髮的他，居然堅持要等到我們吃過午飯之後再來錄影；而他可以早早回家休息的，可是他沒有，就在二樓禪堂等候著。

錄影時，他不說贅話；但每在沉吟後開口，都讓我的五臟六腑觸動到熱血沸騰。尤其是他比喻聖嚴師父，說道：「如果師父是海，師父就是不起波浪的海……。」我剎那間像是被武功高強的高人定住了穴道；氣，提在胸口，好久無法釋放；因為，這句話需要整個人的心力去參！去想啊！怎能浪費力氣去呼吸呢？

令我訝異的還在後面。錄影工作結束後，他主動邀請我們，第二天到他家去吃飯。我的立即反應是：「他的身體無恙？他的精力足夠應付我們嗎？」

我隨即明白了，他不是客氣，他是真心將我們當成了子姪，他是師父的知交啊！

就從那一次開始，我不知不覺地將對師父的思念投射在他身上了。我恍然認為，他不只是師父的知交而已，他就像是師父的兄弟，像是我的叔伯，我們不但有血緣的關係，我們還有共同的家訓與信念：「直心與慈悲」。

一樣的身教

二〇一〇年三月重返紐約補拍《他的身影》，我已被賦予更重要的責任，要身兼節目的主持人。就在行前，我接到通知，鼎公要親自出馬，為《他的身影》節目開記者會。鼎公認為，這是關於聖嚴師父的節目，他交代一群能幹的紐約媒體人，要讓更多的美國華人正視此事，這是大家的責任。

果不其然，鼎公的號召力果然不一般，《他的身影》攝製團隊不但在華埠受到重視，連我們在街上拍攝都受到店家的禮遇。

回到臺北後，我如飢如渴地一口氣讀完了鼎公的人生四部曲回憶錄。我依稀記起，師父曾在二〇〇六年最後一次見到鼎公時說過一句話，師父說：「像他們這一輩能夠走過大時代離亂的人都很不容易啊！」也因為這段時日的苦讀，我更是被鼎公的瑰麗文采，以及高尚的人格魅力所折服。

二〇一〇年的五月，《他的身影》在紐約舉行首映，鼎公如大家長一般地出來站台，他對節目的讚美與褒譽，使得現場掌聲一片。而後，他偷偷地把我拉到一邊，非常小聲地對節目片尾的一些影像提出他的建議。他說，瑕不掩瑜，那只是他個人對我們使用師父畫面的不同解讀罷了。他拍著我的肩膀，不斷地鼓勵我、嘉勉我；而我，本來跟自己商量好的，絕不掉眼淚，就在此時，卻再也無法忍住。

沒有例外，他事後仍然堅持要我與攝影師阿良到他府上作客。桌上一樣由王師母料理了大盤、小盤的素菜，而且樣樣可口。

二〇一〇年的一〇月，我再次前往紐約做《他的身影》的第四次補拍。

鼎公聽說了我的行程，早早就發給我e-mail，詢問我正確的抵達日期。我答應他，只要落地就會與他聯絡。

可想而知的，鼎公在我去電的第二天中午，又在家中準備了佳餚，當然一樣也有王師母最廣為人知的好手藝——素粽子。

每次聚會，無論是白天或是黑夜，一到送客時，鼎公總要親自開門，並且殷殷相送到門前的小徑路口；他畏寒氣，總會戴起一頂質樸的帽子，他揮動著手，是在道別，也像是在念著：「有空再來。」這種謙謙君子的行誼，只有在老一輩長者的身上看得到，而師父不也是這樣的身教嗎？

記得把佛法帶回去

仁俊長老亦然。

二〇一〇年，我四次前往紐約，也去探望了老法師四次，老法師因此記得了我。

其中一次，我帶了一點禮物去看這位年已九十有餘的老法師。老法師居然捏著我的耳朵道：「以後不要再帶東西來了，只要記得把佛法帶回去就可以了！」然後連續說了三次：「記得了吧？記得了吧？記得了吧？」現場的人都跟著笑了起來，而我，卻在瞬間被電到一樣，我在想，我真是何德何能啊？居然有如此大的福報受到老法師如此真切的叮嚀？他捏我的耳朵，完全感受不到他的手指傳來任何的力度，倒像是麵粉糰一般地柔軟舒服。

爾後，一位菩薩跑過來，以羨慕的口吻向我說：「你真有福報，能得到老法師如此珍貴的加持，如此一來，老法師讓你消了多少業你知道嗎？」

我先是搖頭，而後又急忙點頭。說實在的，我不知道我的業障是否因老法師的這一個動作而剝落紛飛；但我知道，曾經是師父在上海佛學院的師長，仁俊長老會單獨對我如此教誨，必然是有他深切的期盼與祝福的。如果我無法將《他的身影》節目做好，無法在日後的人生道路上做個用功的佛門弟子，那麼，我不但辜負了仁俊長老，同樣也對不起師父十多年來示現的身教與言教。

他的身影常駐心中

時間過得真快！無論是眼淚或是歡笑，總會在時間的沙漏中逐一消失。不過，對於師父的思念，經過這一年的反覆起滅，我彷彿走上了一條與過去迥然不同的道路。

以往，一些不如己意的人與事若發生了，我立刻會被激怒到口出怨言，甚或不平靜地失眠、瞋恨，久久無法自拔。這一年，沒有了師父的陪伴，偏偏又要去尋找老人家的每一寸步履，我終於開始用心去體會師父留下來的各種身影。

那是一種提醒，一種囑咐。也許這只是一個起步，但是我知道，我只能藉此才能延展我對師父的思念。

日後，我已無須再去尋找師父的身影了，因為，他已在心中，而且恆久不退。

心／情／故／事

這本書，我原本希望能定名為「我的思念」。只是從與編輯部開過會，主編認為所謂「我的思念」，只是從「我」的角度出發，讀者一時較難呼應「我」的感受；因此，還不如就定調為「尋師身影」，畢竟這本書的文章都是在《人生》雜誌的「尋師身影」專欄中陸續發表過的。

我很堅持，不退讓；並要主編去做兩者的市調。過了兩天，偶然在書櫃中看到「阿斗隨師遊天下」的第三冊《我的西遊記》；當時，我也是與主編在激烈的拉鋸中不肯妥協；我不接受反對的理由，最後，我贏了。事隔數年，怎麼因緣如此湊巧？舊事又再度重演？

我一廂情願地自以為是；拍攝師父弘法行腳的DVD《他的身影》，加上音樂CD《您的遠行》已經有了「他」與「您」，如果這第四冊的系列出版物題為「我的思念」，不就湊足了

「你」、「我」、「他」了？這在行銷上不就定位成最佳的組合了？

我原本還為自己的「巧思」而自鳴得意。

然後，遇上了一個週末，我有了足夠的時間再次思考。

既然已經贏過了一次，為何我還貪圖再贏一次？「尋師身影」在過去一年多的歲月中，已被許多讀者所熟悉，我以所謂的「你、我、他」來做藉口，不也落入了所謂「我執」的陷阱裡？

想清楚了之後，就在第一個上班日，我發了封 e-mail 給主編，我說，出書的作業太繁複，僅是封面設計就無法久等下去；這樣吧！我放棄「我的思念」，就將思念寄託在「尋師身影」吧！

感謝復感恩！被我攪和到頭昏的編輯同仁們！

琉璃文學 22

尋師身影——阿斗隨師遊天下4

Retracing the Master's Footsteps

Adore Following the Master around the World, No. 4

著者	張光斗
封面繪圖	江長芳
出版者	法鼓文化事業股份有限公司
編輯總監	釋果賢
主編	陳重光
編輯	李金瑛
美術設計	化外設計有限公司
內頁美編	小工
地址	臺北市北投區公館路186號5樓
電話	(02)2893-4646
傳真	(02)2896-0731
網址	http://www.ddc.com.tw
E-mail	market@ddc.com.tw
讀者服務專線	(02)2896-1600
初版一刷	2012年1月
建議售價	新臺幣200元
郵撥帳號	50013371
戶名	財團法人法鼓山文教基金會—法鼓文化
北美經銷處	紐約東初禪寺 Chan Meditation Center (New York, USA) Tel: (718)592-6593 Fax: (718)592-0717

法鼓文化

國家圖書館出版品預行編目資料

尋師身影：阿斗隨師遊天下. 4 / 張光斗著. --
初版. -- 臺北市：法鼓文化, 2012. 01
面； 公分
ISBN 978-957-598-578-3（平裝）

224.517 100024743